MONSTER

UNGLAUBLICHE BILDER AUF DEM PRÜFSTAND

MONSTER

UNGLAUBLICHE BILDER AUF DEM PRÜFSTAND

FASZINIERENDE FOTOS VON SEEUNGEHEUERN,
BIGFOOT UND ANDEREN SELTSAMEN KREATUREN

MELVYN WILLIN

V. F. SAMMLER

Umschlaggestaltung:
Werbeagentur Rypka GmbH, 8143 Dobl/Graz, www.rypka.at
Umschlagfoto(s) Vorderseite bzw. Rückseite:
siehe Bildnachweis S. 138

Titel der Originalausgabe: Melvyn Willin: Monsters Caught on Film. Amazing Evidence of Lake Monsters, Big Foot & Other Strange Beasts. © David & Charles, Brunel House, Newton Abbot, Devon, 2010

Aus dem Englischen ins Deutsche übertragen von
Mag. Sabine Wimmer

Bibliografische Information der Deutschen Nationalbibliothek
Die Deutsche Nationalbibliothek verzeichnet diese Publikation in der Deutschen Nationalbibliografie; detaillierte bibliografische Daten sind im Internet unter http://dnb.d-nb.de abrufbar.

Hinweis: Dieses Buch wurde auf chlorfrei gebleichtem Papier gedruckt. Die zum Schutz vor Verschmutzung verwendete Einschweißfolie ist aus Polyethylen chlor- und schwefelfrei hergestellt. Diese umweltfreundliche Folie verhält sich grundwasserneutral, ist voll recyclingfähig und verbrennt in Müllverbrennungsanlagen völlig ungiftig.

Auf Wunsch senden wir Ihnen gerne kostenlos
unser Verlagsverzeichnis zu:
Leopold Stocker Verlag GmbH
Hofgasse 5 / Postfach 438
A-8011 Graz
Tel.: +43 (0)316/82 16 36
Fax: +43 (0)316/83 56 12
E-Mail: stocker-verlag@stocker-verlag.com
www.stocker-verlag.com

ISBN 978-3-85365-250-3

Printed in China

Inhaltsverzeichnis

EINLEITUNG

Monster – Unglaubliche Bilder auf dem Prüfstand: Möglicherweise sollte der Titel etwas näher erklärt werden, bevor Sie das vorliegende Buch erkunden. Mein Wunsch ist, den Wahrnehmungsbereich zu erweitern, und zwar nicht nur im Hinblick auf manifeste oder trügerische Lebewesen, sondern auch auf die Möglichkeit, jene Phänomene zu erfassen, die nicht auf einer Sinnestäuschung beruhen, weil deren Ursprung natürlich sein kann oder über unsere aktuellen wissenschaftlichen Erkenntnisse hinausgeht. Fotografische Beispiele können möglicherweise in betrügerischer Absicht zustande gekommene Trickaufnahmen oder Requisiten zeigen. Der wichtigste Aspekt aber ist, dass sie etwas zeigen, das „normalen" Erklärungen zu widersprechen scheint – nämlich Organismen, die entweder lebendig sind oder es zu irgendeinem Zeitpunkt waren und durch biologische Klassifizierungen nicht erklärbar zu sein scheinen. Beispiele hierfür finden sich im Tierreich und umfassen verschiedene haarige Hominiden, pelzige Raubtiere, fliegende Anomalien und Monster im Wasser. Andere Beispiele könnten auf einen extraterrestrischen Ursprung hinweisen. Die affenähnlichen Kreaturen werden durch alte Bekannte, wie Schneemenschen, Sasquatch (kanad. für Bigfoot) und Yeti, repräsentiert. Verschiedene vierfüßige, pelzige Wildkatzenarten erinnern an ungewöhnliche Katzen, aber auch Hunde. Fliegende Anomalien sind schwierig zu erfassen, aber es gibt ein paar verblüffende Bilder zu diskutieren, darunter ein umstrittenes Bild, das einen Flugsaurier zeigen soll.
Aquatische Tiere hingegen sind hinreichend und mit einigen außergewöhnlichen Bildern von Plesiosaurier-Verwandten in Loch Ness und anderswo vertreten, genauso wie umstrittene, lebende

und/oder prähistorische Beispiele wie der Quastenflosser. Mit Aufnahmen indes, die außerirdische Implikationen haben könnten, findet man sich am allerwenigsten ab; ich glaube aber, es ist unklug, in einem Universum von fast unermesslicher Weite im Hinblick auf die Bestimmung von Lebensformen allzu dogmatisch an unserer Exklusivität festzuhalten.
Das Problem bei der Sondierung derartiger kryptozoologischer Arten besteht in der Grenzziehung. In vielen Fällen wurde sie durch das Fehlen fotografischer Beweise diktiert. Es war deshalb verführerisch, sich auf mythologische Wesen zu beziehen, besonders wenn sie stark von der menschlichen Fantasie geprägt sind (Einhörner, Gorgonen, Drachen, Minotauren). Hier musste ich Fotos finden und konnte keine Abbildungen verwenden, wollte ich dem Konzept des Buches treu bleiben. Auch die Bilder von Dinosauriern wurden auf ein Minimum reduziert, weil sie besonders anfechtbar schienen, wenn eine Fotografie zustande gekommen war. Da bei derartigen Umständen immer eigene Überzeugungen ins Spiel kommen, möchte ich die Leser dieses Buches (und der anderen Bücher dieser Reihe) bitten, unvoreingenommen zu bleiben, aber nicht so unvoreingenommen, dass dabei der Verstand abgeschaltet wird!
Die Erfahrungen sind subjektiv und in dem Maße offen für Veränderungen, wie Erkenntnisse akzeptiert oder abgelehnt werden. Ihre „Schauder"-Schwelle ist sicherlich auch eine andere als die meinige. Also lassen Sie uns diese Bilder im Geist des Lernens erkunden, bei dem das Vergnügen nicht zu kurz kommt, damit zukünftige Generationen nicht über unsere Naivität oder über unsere geistige Unbeweglichkeit entsetzt sind.

MONSTER DER TIEFE

Die Menschheit hat im außerirdischen Raum mit einigem Erfolg geforscht – der Mond wurde erreicht und darüber hinaus wurden sogar Sonden zu fernen Planeten in die Galaxie geschickt. Aber was ist mit unserer eigenen, heißgeliebten Umwelt? Die Meere bergen noch viele Geheimnisse in ihren unermesslichen Tiefen; dort, wo der Mensch nicht ohne hochspezialisierte Ausrüstung überleben könnte und selbst entsprechend ausgerüstet nur für kurze Zeit. Die Meere sind so groß, dass sie wohl niemals umfassend erforscht werden können – der Pazifische Ozean allein umfasst 40 Prozent der gesamten globalen Meeresfläche. Seine größte Breite beträgt 16.000 km bzw. 11.000 km seine Länge. Die durchschnittliche Tiefe liegt bei ca. 4.000 m, erreicht aber in einigen Bereichen (Marianengraben) erstaunliche 11.000 m. Ist es unter diesen Umständen nicht naheliegend, dass es dort versteckte Dinge gibt, von denen wir trotz unseres technologischen Fortschritts und Wissens keine Kenntnis haben? In diesem Kapitel werden wir verschiedene Wasserwelten erforschen, und viele Fragen werden unbeantwortet bleiben. Zum Beispiel was der übelriechende, faulende Kadaver war, der 1977 von dem Fischdampfer *Zuiyo Maru* an die Küste von Neuseeland geschleppt wurde? Die Besatzung glaubte sicher, sie hätte etwas Unbekanntes entdeckt. Die „Seeschlange", die 1897 vor der Küste von England gefangen wurde, war mit Sicherheit eine Fälschung. Aber wenn es keine wirklichen Beispiele für unbekannte Lebewesen gibt, die in unseren Meeren schwimmen, warum sind Menschen dann bereit, die Möglichkeit der Existenz eines solchen Organismus zu akzeptieren? Mit den exotischen Kraken tauchen wir bereits sehr tief in die Welt der Monster ein: Hier indes muss erwähnt werden, dass diese Tiere wirklich existieren, gefangen und seit langem studiert werden. Skeptiker hätten die Botschaft von riesigen Seeungeheuern, die in den Tiefen unserer Ozeane seit 200 Jahren lauern, verächtlich abgetan; die Matrosen aber hatten recht und die Skeptiker schwiegen. Ähnliches gilt für den gewaltigen Riemenfisch und den Schnabelwal, beide sind gesund und munter und stehen der wissenschaftlichen Forschung zur Verfügung. Letzterer wurde mit einem überlebenden Plesiosaurus verwechselt, was eine hinreichende Verbindung zum Monster von Loch Ness ermöglicht. Sie können mehrere Fotos von dem, was in Loch Ness gesehen wurde, betrachten und sich Ihre eigene Meinung über die Authentizität der Fotos und der sie begleitenden Berichte bilden. Wie auch immer Ihre Schlussfolgerungen ausfallen mögen: Der Ort ist sicher stimmungsvoll und der See groß und tief genug, um etwas Unbekanntes oder Ungewöhnliches zu beherbergen. Möglicherweise ist es nicht das prähistorische Tier, wie wir es gerne hätten. Aber die Möglichkeit, dass dort eine Art von Fisch oder ein Säugetier lebt, das der Wissenschaft derzeit noch unbekannt ist, ist dennoch faszinierend.

Natürlich hat Nessie Doppelgänger in und um Großbritannien und auf der restlichen Welt. Wir beginnen in Cornwall mit dem Schrecken einflößenden Morgawr, bevor wir uns auf den Weg zum Champlainsee an der amerikanisch-kanadischen Grenze machen, um hoffentlich den dort wohnhaften Champ zu Gesicht zu bekommen, oder am Okanagansee (British Columbia) auf Ogopogo treffen – alles mögliche Familienmitglieder von Nessie. Es ist anzunehmen, dass alle diese Beobachtungen als schwimmende Vegetation, Seehunde oder Otter, Fälschungen oder Übertreibungen abgetan werden. Viele Leute glauben, dass riesige Störe zu Unrecht als derartige Lebewesen identifiziert worden sind. Also schauen Sie genau hin, ob Sie irgendwelche Ähnlichkeiten zwischen diesem riesigen Fisch und den Fotos unserer verschiedenen Monster erkennen können. Von monströsen, nicht identifizierbaren, verfaulenden Kadavern bis hin zu den parasitären Neunaugen: Schwelgen Sie in einigen der „Funde“, die Wissenschaftler seit langem ratlos und staunen machen, und bilden Sie sich Ihre eigene Meinung, was diese „Funde“ wirklich sein könnten …

Das Meeresungeheuer von der *Zuiyo Maru*

Am 25. April 1977 war das japanische Fischerboot *Zuiyo Maru* mit einem Schleppnetz im Pazifischen Ozean östlich von Christchurch (Neuseeland) unterwegs, um Makrelen zu fangen, als die Besatzung diesen faulenden, übelriechenden Kadaver einer unbekannten Kreatur an Bord zog. Der Kapitän war besorgt, dass dieser Fund den Rest seines Fangs kontaminieren könnte und gab die Anweisung, das Tier zu vermessen und zu fotografieren, bevor es ins Meer zurückgeschleudert wurde. Der Körper maß 6 m, wobei der Kopf 45 cm und jede der vier Flossen 1 m lang waren. Die Mannschaft glaubte, dass es sich um einen Plesiosaurus handelt – ein fleischfressendes Tier mit vier Flossen aus dem Mesozoikum, das unter der Wasseroberfläche auf Beute lauerte. Wissenschaftler identifizierten es jedoch als Riesenhai oder Wal. Natürlich folgten Meinungsverschiedenheiten. Zwei japanische Professoren (Yoshinori Imaizumi und Toshio Kasuya) waren mit der Einstufung nicht einverstanden und sahen hier ein Indiz dafür, dass Plesiosaurier noch existierten. Für den physischen Beweis, dass diese Kreaturen in unseren Ozeanen patrouillieren, wird ein weiterer Fang notwendig sein; dessen ungeachtet ist dieser Kadaver ein weiteres Beispiel für verblüffende Entdeckungen im Meer.

„Besatzungsmitglieder zogen diesen faulenden, übelriechenden Kadaver einer unbekannten Kreatur an Bord.“

Eine Seeschlange oder doch Anglerlatein?

Details zu diesem Bild sind spärlich. Die vorhandene Information ist, dass diese „Seeschlange“ 1897 vor der englischen Küste gefangen wurde. Seit Hunderten von Jahren gibt es Behauptungen über Beobachtungen von Seeschlangen, und Kryptozoologen behaupten, dass die schiere Anzahl und die Gemeinsamkeiten in der Darstellung der behaupteten Beobachtungen in Summe die Existenz derartiger Kreaturen beweisen. Bisher jedoch hat es dafür keinen glaubhaften Beweis gegeben, und die Beobachtungen stellten sich als Fehlidentifikationen heraus; tatsächlich handelte es sich um Riemenfische oder Wale. Ist das Bild nun ein Trick, oder haben diese Männer tatsächlich ein seltenes Exemplar gefangen, das sich dem wissenschaftlichen Kenntnisstand entzieht? Der körperlose Arm in der Mitte des Bildes deutet darauf hin, dass ein Teil des Fotos gefaltet gewesen sein könnte.

Das Datum der Fotografie schließt eine digitale Manipulation aus, aber man vermutet, dass die Hände der Männer mögliche Gelenke eines Modells verbergen könnten. Der Mangel an Information über dieses Foto sollte uns aber davor bewahren, irgendwelche voreiligen Schlüsse zu ziehen. Wäre es nicht wunderbar, wenn wir Unrecht hätten und dies kein harmloser Scherz war?

„Ist dieses Bild ein Trick, oder haben diese Männer tatsächlich ein seltenes Exemplar gefangen?“

Der Krake

Im späten 18. Jahrhundert schrieb Bischof Pontoppidan von Bergen (Norwegen) einen Bericht, beeidet durch Kapitän Lorenz und andere Zeugen, in dem er das Aussehen einer riesigen Kreatur mit „sieben oder acht Armen, [die] man über dem Wasser sehen konnte", vor der Küste Norwegens beschrieb. Der riesige Tintenfisch oder der Krake (was in Skandinavien etwas Verfaultes und Verdrehtes bezeichnet) ist Teil volkskundlicher Überlieferung und wohl eine der verrufensten Kreaturen der Tiefe. Könnte es ihn aber tatsächlich geben?

Fiktives Material gibt es reichlich, so zum Beispiel in Filmen wie *Kampf der Titanen* und *Fluch der Karibik 2* oder in Jules Vernes Buch *20.000 Meilen unter dem Meer.* 1857 wurde dieser rätselhafte Kopffüßer von dem dänischen Zoologen Johan Japetus Steenstrup als *Architeuthis* klassifiziert, aber seine Existenz war noch stark umstritten. Die Entdeckung einiger Reste dieses Tieres entlang der felsigen Küste von Neufundland im späten 19. Jahrhundert brachte die Skeptiker schließlich zum Schweigen. Die Funde ließen auf Tentakeln von über 9 m und einen Körper von 18 m Länge und 3 m Breite schließen. Streitigkeiten darüber, wie groß diese Kreaturen wirklich werden können, gibt es noch reichlich. Manche vermuten eine Länge von 28 m, womit sie ihren Erzfeind, den Pottwal, herausfordern können. Geschichten von Seeungeheuern sind nichts Neues – aber diese angeblich übelriechende Kreatur bricht den Trend, die Möglichkeit ungewöhnlicher Phänomene im Tierreich generell anzuzweifeln, allein schon dadurch, weil es tatsächlich existiert.

„Eine war eine riesige Kreatur mit sieben oder acht Armen, die man über dem Wasser sehen konnte."

„Eine war eine riesige Kreatur mit sieben oder acht Armen, die man über dem Wasser sehen konnte."

DER RIESENKALMAR

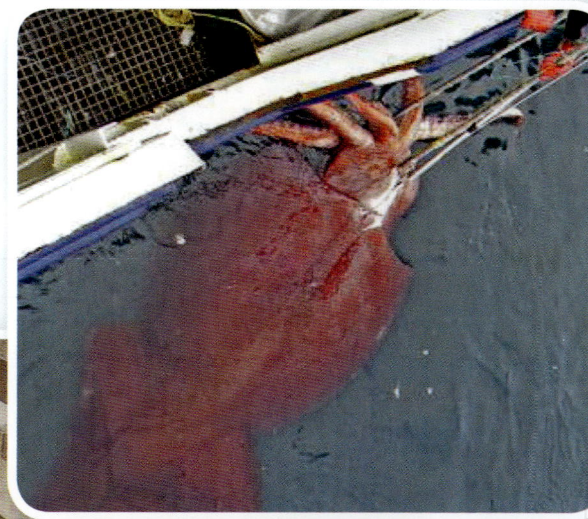

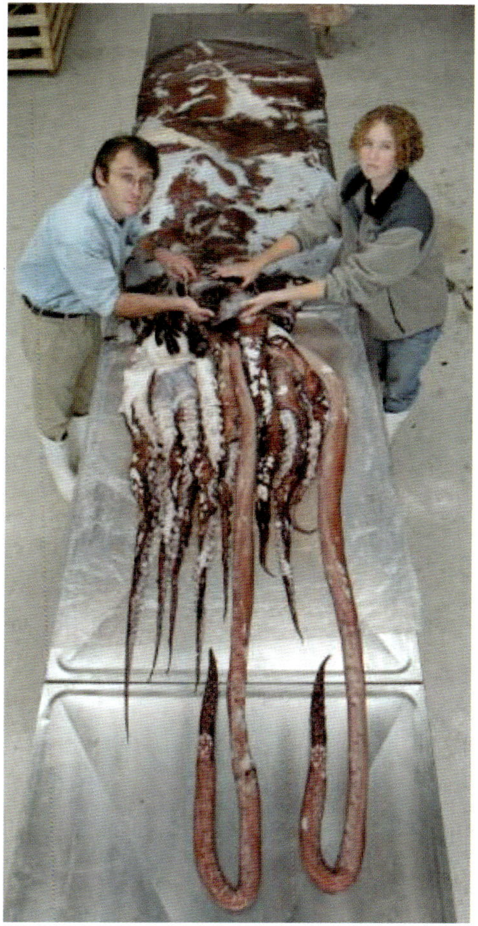

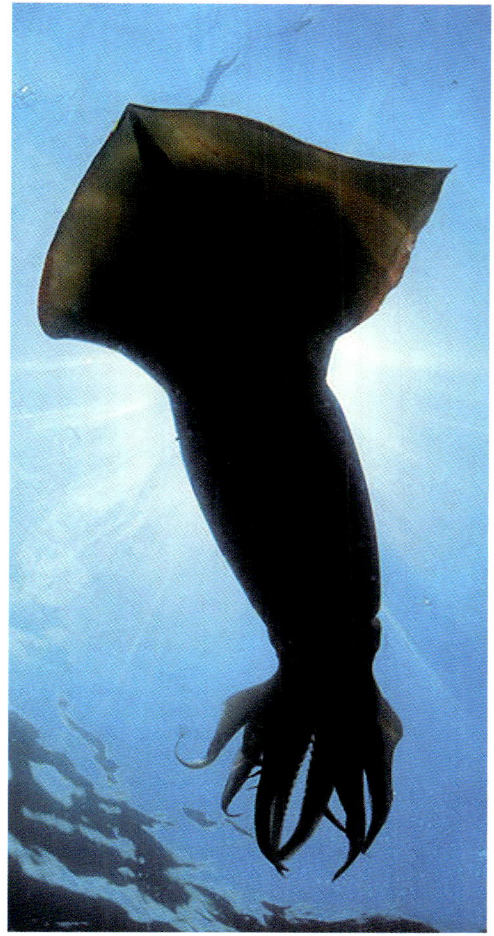

Der Riemenfisch

Am 3. März 1860 wurde auf den Bermudas eine „Seeschlange“ an den Strand gespült, die später als Riemenfisch identifiziert wurde. Man hat diesen riesigen Fisch für zahlreiche Behauptungen von Seeleuten über die Beobachtung von Seeschlangen und Monstern verantwortlich gemacht. Einige werden bis zu 15 m lang und wiegen über 270 kg. Diese schuppenlosen, gallertartigen Fische sind Stoff zahlreicher Erzählungen von Fischern.

Heute weiß man über diese Spezies deutlich mehr. Die Riemenfische, *Regalecus glesne,* streben zum Strand, wenn sie krank sind oder sterben. Dies ermöglicht Wissenschaftlern, mehr Erkenntnisse über sie zu sammeln. Sie leben vorwiegend in einer Tiefe von etwa 900 m. Beobachtungen von gesunden, lebenden Tieren und Studien an ihnen sind selten. Den Riemenfisch kann man im Ostatlantik und im Mittelmeer finden, obwohl es unbewiesene Behauptungen gibt, dass 2003 einer vor der Küste von North Yorkshire (Großbritannien) von einem Angler gefangen worden sein soll, der einen Tintenfisch als Köder benutzte. Diese Fische sind zahnlos, ernähren sich wahrscheinlich von Plankton, kleinen Krustentieren und Tintenfischen und sind durch den *Guinness-Weltrekord,* längster Knochenfisch der Welt zu sein, bekannt geworden.

> „Der schuppenlose, gallertartige Fisch ist Stoff zahlreicher Erzählungen von Fischern.“

Plesiosaurus oder Schnabelwal?

Der Kopf und Teile des Körpers dieser Kreatur sorgten für viel Aufsehen, als sie 1925 an die Felsen des Natural Bridges State Beach (Monterey Bay, Santa Cruz, Kalifornien) – später als „Moore's Beach" nach ihrem Entdecker Charles Moore benannt – angespült wurden. Der kuriose Fund wurde „Moores' Strandmonster" genannt. Ähnliche Tierkörperreste wurden im Juli 2003 auch am Ozeanstrand in Kalifornien gefunden. Ist dies der Beweis dafür, dass Plesiosaurier noch existieren, oder gibt es eine weniger umstrittene Erklärung?
Die Überreste von 1925 wurden gesammelt und von Wissenschaftlern der California Academy of Sciences geprüft, die diese mysteriöse Kreatur als Schnabelwal identifizierten *(Berardius bairdii)*. Diese Klassifizierung indes beendete nicht die Spekulationen darüber, es handle sich hier um einen Plesiosaurus. Hieran beteiligte sich auch E. L. Wallace, ein Ex-Präsident der Natural History Society of British Columbia, der ferner annahm, dass dieser Saurier Millionen von Jahren im Eis erhalten geblieben wäre, bevor der Schmelzvorgang ihn freigesetzt habe. Diese Walart ist eines von vielen Lebewesen, die im tiefen Wasser leben und nur selten gesehen werden. Die meiste Zeit verbringen sie mit dem Tauchen nach Tinten- und Tiefseefischen weit entfernt von der Küste. Wie viele Organismen aus diesen Habitaten warten darauf, entdeckt zu werden, und was werden wir von ihnen lernen?

„Der kuriose Fund wurde ‚Moores' Strandmonster' genannt."

Nessie zuhauf

Das Monster von Loch Ness ist wohl einer der berühmtesten Fälle der Kryptozoologie. Die Möglichkeit, dass ein Monster in einem schottischen See leben könnte, wurde das erste Mal 545 n. Chr. dokumentiert. Ins öffentliche Bewusstsein geriet das Thema dann erst wieder 1933, als am 3. August ein Brief von Herrn und Frau Spicer im *Iverness Courier* veröffentlicht wurde. Sie behaupteten, dass sie eine „sehr außergewöhnliche Tierart" gesehen hätten, die die Straße vor ihrem Auto überquert habe, als sie um den See fuhren. In diesem Jahr wurden noch zwei weitere Beobachtungen gemeldet, darunter eine von einem Motorradfahrer, der beteuerte, dass er mit diesem Lebewesen in einer Mondscheinnacht fast zusammengestoßen wäre. Das Ehepaar Spicer beschrieb das Monster wie folgt: „etwa 1 m hoch und 8 m lang", mit einem schmalen Hals, etwas dicker als ein Elefantenrüssel, und so lang wie die 3 bis 4 m breite Straße. Der Gedanke, dieses Monster könnte möglicherweise ein Plesiosaurus sein, war 1933 strittig; seitdem tobt hierüber eine hitzige Debatte.

> „Ein Motorradfahrer beteuerte, mit diesem Lebewesen in einer Mondscheinnacht fast zusammengestoßen zu sein."

Viele Beobachtungen sind weitgehend Einzelberichte, während sich die wissenschaftlichen Erkenntnisse auf fragwürdige Echolotwerte konzentrieren. Nachgewiesenermaßen gefälschte Fotografien haben wenig dazu beigetragen, die Frage nach der Existenz von Nessie zu klären. Verwechslung oder pure Fantasie sind andere Erklärungen für Zeugenaussagen: Aale, Kormorane, Hirsche, Vegetation, Trümmer und Bäume wären die wahre Quelle ihrer Beobachtungen. Jede Meinung und Beobachtung trifft auf Widerspruch, und Folklore, Mythos und Tradition könnten für die anhaltende Begeisterung rund um das Thema ursächlich sein. Vielleicht muss man sich entscheiden, den See selbst zu besuchen, aber wäre es nicht wunderbar, wenn die Behauptungen wahr wären?

Dieses Bild wurde 1975 von einem Team der Academy of Applied Science (Boston) mit einem sonargesteuerten Gerät aufgenommen. Es soll den Hals und den Körper eines nicht identifizierten Lebewesens im See zeigen, mit einem Hals von ca. 2 bis 3,5 m Länge. Skeptiker argumentieren, dass als Erklärungen eine computeroptimierte Bildbearbeitung oder Pflanzenreste infrage kämen.

Dieses Foto entstand 1933. Es soll ein Lebewesen von etwa 12 m Länge mit dunkler, glänzender Haut zeigen. Unglücklicherweise wird es oft als „Labrador-Foto" bezeichnet, da man in das Bild auch einen Hundekopf, der in die Kamera schaut, hineindeuten kann.

Das wohl berühmteste aller Nessie-Bilder ist das so genannte Chirurgen-Foto, aufgenommen von R. K. Wilson am 1. April 1934. Trotz des verdächtigen Tages (1. April – All Fools Day), an dem das Foto aufgenommen wurde, wurde jeder Hinweis auf eine Fälschung beiseitegeschoben, weil das Foto von einem als seriös geltenden Chirurgen aufgenommen worden war. In der Folge wurde dann behauptet, das Bild sei beim Fotografieren eines Spielzeug-U-Bootes mit einem Zubehörteil entstanden. Weitere Indizien, die für eine Fälschung sprechen, wurden 1994 bekannt.

Lachlan Stuart, ein Forstwirtschaftsarbeiter, nahm dieses Einzelbild im Juli 1951 auf. Es scheint drei Höcker am Südufer des Loch Ness zu zeigen; Lachlan behauptete, es habe auch einen Kopf und einen Hals gegeben, die er nicht erfassen konnte. Skeptiker hingegen behaupten, es handle sich um Gestein in relativ flachem Wasser.

Das „McNab"-Foto vom Juli 1955 zeigt eine angebliche Beobachtung im beliebtesten Teil des Sees für Nessie-Erscheinungen, nämlich nahe der Ruine von Urquart Castle. Tim Dinsdale, einer der führenden Ermittler, behauptete, dass Peter MacNab, ein Bankdirektor, eine Handkamera mit Sechszoll-Teleobjektiv benutzt habe, um das Lebewesen zu erfassen.

Dieses Foto wurde im Mai 1977 von dem exzentrischen, selbsternannten Psychologen Anthony „Doc“ Shiels aufgenommen. Es hat erhebliche Kontroversen bezüglich seiner Echtheit ausgelöst. Die Deutlichkeit wird als Hinweis auf eine Fälschung eingestuft; das ursprüngliche Foto wurde möglicherweise durch das Bild mit dem Kopf überblendet.

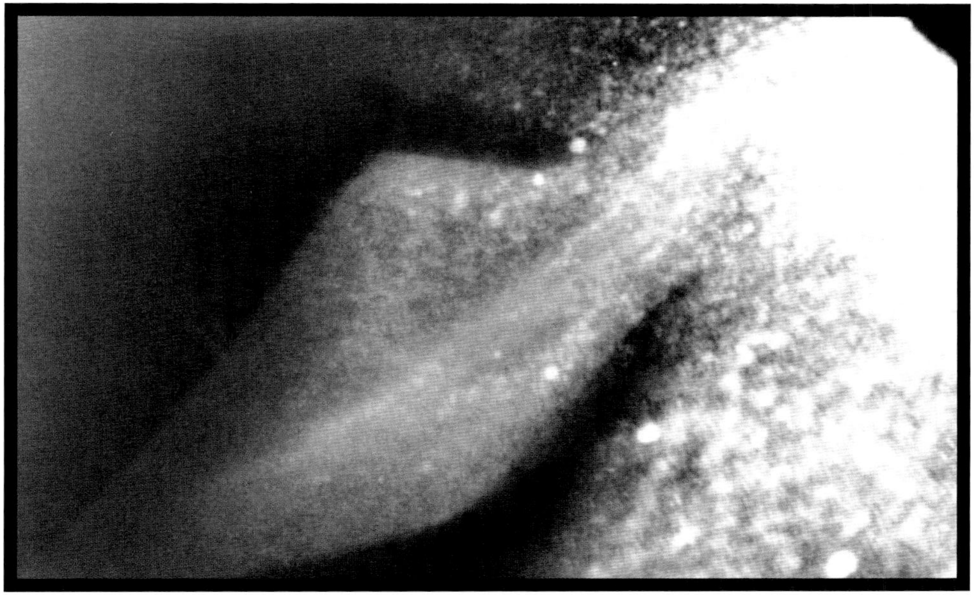

Dieses Unterwasserfoto wurde im August 1972 von der Academy of Applied Science aufgenommen und wird allgemein als „Flipper" bezeichnet. Die Auseinandersetzungen darüber, was das Bild zeigt, reichen von der Originalflosse eines plesiosaurier-ähnlichen Lebewesens bis hin zu einem Pflanzen-Bild, das mittels Computer optimiert wurde.

Morgawr
– Der Meeresriese von Cornwall

Mary F. (wie sie genannt werden möchte) hat diese beiden Fotos im Februar 1976 bei Rosemullion Head, in der Nähe von Falmouth an der Küste von Cornwall in England, aufgenommen. Die Zeitschrift *Bord* zitierte sie 1981 wie folgt:

„Es sah aus wie ein Elefant, der mit seinem Rüssel winkt, aber der Rüssel war ein langer Hals mit einem kleinen Kopf am Ende, wie ein Schlangenkopf. Er hatte einen kurvigen Rücken, den er auf lustige Art bewegte. Die Farbe war schwarz oder ein sehr dunkles braun, die Haut schien wie die von einem Seelöwen … das Tier erschreckte mich. Ich möchte es nicht näher sehen …"

Eine Reihe weiterer Beobachtungen ist dokumentiert, einschließlich Berichten von Fischern, die sicherlich den Unterschied zwischen einem großen Seehund und einem unbekannten Meeresbewohner kennen. Andere Berichte von Urlaubern wurden mit weniger Sympathie bedacht, als die Touristensaison einsetzte. Anthony „Doc" Shiels (der behauptet, Wassermonster zu fotografieren, aber dennoch von ihrer Existenz nicht überzeugt ist) hat Morgawrs angeblich zweimal gesehen; Versuche, sie fotografisch festzuhalten, schlugen indes fehl. Sein Begleiter David Clarke, der Herausgeber der Zeitung *Cornish Life*, scheiterte bei dem Versuch, das Tier zu fotografieren, an einem Kameradefekt. Das ist eine merkwürdige Reminiszenz an psychische Aktivitäten, die auch die Aufnahmetechnologie negativ zu beeinflussen scheinen. Entweder deutet es auf menschliches Versagen hin oder auf eine tatsächliche Störung aufgrund eines unbekannten Energiefeldes. Uns bleiben einige bemerkenswerte Fotos, die entweder ein unbekanntes Lebewesen zeigen könnten, das der Evolution trotzte und bis zum heutigen Tag überlebt hat, oder aber einen Fall von Überspanntheit dokumentieren.

„Der Rüssel war ein langer Hals mit einem kleinen Kopf am Ende."

Der Champ

Dieses berühmte Foto wurde 1977 von Sandra Mansi am Champlainsee, der an Vermont und den Staat New York grenzt, gemacht. Der See selbst wurde nach dem Entdecker Samuel de Champlain benannt und ist nach den berühmten Großen Seen das größte Binnengewässer der USA. Mansi schreibt, dass ihr Verlobter und zwei Kinder Zeugen eines Tumults im See wurden; es folgte eine einige Minuten dauernde Beobachtung und das Foto, das dann entstand. Sie hatte keine weiteren Fotos und auch keine Negative. Im Anschluss daran kam es zu über 300 weiteren Beobachtungen, wie zumindest behauptet wurde.
Zwangsläufig wurde das „Monster“ mit Nessie in Verbindung gebracht und gefolgert, es gehöre zu den Plesiosauriern, während andere Gemeinsamkeiten wohl eher aus einem kommerziellen oder touristischen Interesse heraus behauptet wurden. Es gibt einen jährlichen „Champ Day“, der am 3. August gefeiert wird. 2002 startete das Magazin *Skeptical Inquirer* eine Expedition, die mit dem Ergebnis abgeschlossen wurde, dass es „nicht ein einziges überzeugendes Beweisstück für das Leben von Champ gibt, aber Gründe, die gegen dessen Existenz sprächen“. Die Reporter führten neben anderen Möglichkeiten den Stör, der eine Länge von 5,5 m erreichen kann, und Treibholz als tatsächliche Identität an. Ein Trick indes hätte erhebliche Vorbereitungen nötig gemacht und schien in diesem Fall unwahrscheinlich. Die anschließende Beseitigung des Negativs machte es unmöglich, eine Bildmanipulation zu überprüfen. Als Antworten auf das Rätsel wurden zum Beispiel eine Sandbank mit Gestein genannt, ein ungewöhnlich großer Vogel oder – wie viele Leute, die es gesehen haben, behaupteten – ein riesiges unbekanntes Wassermonster.

„Ein Schwindel hätte erhebliche Vorbereitungen nötig gemacht und schien in diesem Fall unwahrscheinlich.“

„Ein Schwindel hätte erhebliche Vorbereitungen nötig gemacht und schien in diesem Fall unwahrscheinlich.“

Der Champlainsee ist ein 201 km langer Süßwassersee und eine ideale Heimstatt für Wassersäugetiere. An einigen Stellen ist er 122 m tief und beheimatet diverse Fisch- und andere Tierpopulationen als Nahrungsquelle. Weil sich nur Sandra Mansi an den genauen Teil des Sees erinnern kann, an dem sie dieses Bild aufgenommen hat, ist es an uns, daran zu glauben, ob es sich hier wirklich um ein wissenschaftliches Phänomen handelt und Plesiosaurier immer noch existieren.

„Es war so groß wie mein Oberschenkel", sagte der Fischer Peter Bodette. „Ich bin mir zu hundert Prozent sicher, was wir sahen. Ich bin mir nicht zu hundert Prozent sicher, was es war." Die Fischer zweifelten vor dieser Beobachtung an der Existenz von Champ.

Der US-Nachrichtensender ABC News erhielt exklusives Videomaterial von etwas, das sich knapp unter der Oberfläche des Sees befand und von dem man behaupten könnte, es sei Champ. Das Video wurde von zwei Fischern mit einer Digitalkamera aufgenommen.

Quelle: www.abcnews.com

Die Riesen-Störe

Ein Blick auf dieses Foto genügt, und man kann sehen, warum der Stör mit behaupteten Beobachtungen von angeblichen Seeungeheuern in Verbindung stehen könnte. Störe leben meist am Boden von Flüssen, Seen und in der Nähe von Küsten und kommen selten an die Oberfläche; sie haben längliche Körper, keine Schuppen und können eine Länge von 6 m (Störart Hausen) erreichen. Sie bewohnen unsere Gewässer seit rund 200 Millionen Jahren mit nur geringen Veränderungen in ihrer Morphologie und sie können bis zu 100 Jahre alt werden. Man findet sie auf der ganzen Welt und sie wurden von Königen, wie zum Beispiel Friedrich dem Großen und Edward II. von England, unter Schutz gestellt. Details zu dem hier gezeigten Foto sind spärlich, aber es zeigt angeblich einen Stör, der im November 1987 im Washington-See (Seattle) tot aufgefunden wurde. Er wurde treibend auf der Oberfläche des Sees entdeckt, war 3,4 m lang und wog 420 kg. Das Fehlen von Zähnen zeigt, dass Störe wahrscheinlich nie einen Menschen angreifen würden; sie sind aber dafür bekannt, ganze Lachse zu schlucken, folglich könnte sich auch ein Kind als Versuchung erweisen.

Es gibt über 20 Arten, die zur Familie der *Acipenseridae* (Störe) gehören. Die Ernte ihrer hochgeschätzten Rogen, die traditionell für Kaviar verwendet wird, hat dazu geführt, dass sie auf die Liste der aussterbenden Arten gesetzt wurden. Wäre die Existenz dieser Spezies nicht durch die Wissenschaft bestätigt, hätten Sie dann ein ungutes Gefühl, wenn man Ihnen erzählte, dass sie am Boden des nächstgelegenen Gewässers lauern?

„Das Fehlen von Zähnen zeigt, dass Störe wahrscheinlich nie einen Menschen angreifen würden."

Die „Pogos“ –
Manipogo und Ogopogo

Es gibt eine Reihe von Gemeinsamkeiten zwischen diesen beiden, in kanadischen und nordamerikanischen Seen beheimateten Lebewesen. Manipogo wurde wahrscheinlich nach dem berühmteren Ogopogo benannt. Es sei, so wird behauptet, ein Bewohner des nördlich von Winnipeg (Kanada) gelegenen Manitobasees. Ogopogo oder Naitakas ist das so genannte Monster des Okanagansees (British Columbia, USA).
Das Bild (rechts) von Ogopogo wurde am 12. August 1962 von zwei Fischern aufgenommen, die behaupteten, dass dieses Lebewesen sich mit erheblicher Geschwindigkeit, ähnlich wie „eine große schwarze Schlange oder ein Aal“, fortbewegte. Sie schätzten den Buckel auf etwa 60 cm Länge. Die Bilder (ganz rechts, oben und unten) sind Teile einer Bildserie, aufgenommen von Ed Fletcher in Vancouver am 3. August 1976.
Es gibt eine Reihe von Berichten der Eskimos über diese Tiere, von denen einige eine Beziehung zum Volksglauben über Wassergötter nahelegen. Behauptungen von der Existenz des Monsters wurden seit den frühesten Berichten im Jahre 1860 mit einem kritischen Blick betrachtet, während die fotografischen Beweise von beiden Lebewesen auf einen

> „Die Fischer behaupteten, dass dieses Lebewesen sich mit erheblicher Geschwindigkeit, ähnlich wie eine ‚große schwarze Schlange oder ein Aal‘, fortbewegte.“

langen, schlangenartigen Körper deuten.
Seitdem entstanden zahlreiche Fotos an beiden Standorten und sogar Videos, die meistens umstritten sind. Es gab verschiedene ergebnislose Expeditionen zu den Seen; Bücher und Festivals haben sich mit diesen Lebewesen beschäftigt. Was die Bilder zeigen, ist noch ungeklärt: einen ausgestorbenen Wal oder ein Reptil? Einen lebenden Stör? Sich überschneidende Wellen oder Pflanzenteile? Oder sind es einfach nur gutgemachte Fälschungen alter Schule?

Seeungeheuer

2007 wurden die zersetzten Überreste dieses nicht identifizierten Lebewesens an die Küste von Guinea (Westafrika) gespült. Den Beschreibungen zufolge hatte es „einen haarigen Körper, vier Pfoten und einen Schwanz“. Der Fund machte die Wissenschaftler ratlos, da sie seine Identität nicht bestimmen konnten.
Es hat zahlreiche Vermutungen gegeben, was dieser Fund gewesen sein könnte. Diese reichen von einem verfallenen Mammut, das im Eis eingeschlossen war und bei der anschließenden Schmelze freigegeben wurde, bis zu einem Wal. Die einzige Klassifizierung, die wirklich sachgemäß ist, geht in Richtung „Globster“, einem Schlagwort, das von Ivan T. Sanderson 1962 geprägt wurde. Das Wort beschreibt eine nicht identifizierbare, organisch verfallende Masse, die an die Küste gespült wird. Ein unbefriedigendes Ergebnis, vielleicht, aber wer weiß, welches Geheimnis als Nächstes von unseren großen Ozeanen freigegeben wird? Es gibt noch viel Unbekanntes. Wir können nur darauf hoffen, dass etwas ans Licht kommen wird, das uns hilft, dieses Lebewesen zu identifizieren.

„Die verfallenen Überreste bestanden aus einem haarigen Körper, vier Pfoten und einen Schwanz.“

Wasser-Vampire

Die Angriffsmethode des Neunauges ist ziemlich grauenhaft – es reißt nämlich ein Loch in seine Fisch-Beute, und dann hängt es sich an das Opfer, um dessen Blut mit seiner langen Zunge auszusaugen. Ein Antikoagulans im Speichel des Neunauges hemmt die Blutgerinnung so lange, bis das Opfer schließlich an Blutverlust oder an einer Infektion verendet. Im Volksglauben sind sie als „neunäugiger Aal“ in Erscheinung getreten: sieben Kiemenspalten auf jeder Seite, mit einem Auge und einem Nasenloch.

Der *Petromyzon marinus* ist ein langer, schuppenloser Wirbelfisch, der mit seinem runden, mit Zähnen gefüllten Mund aussieht wie ein Aal. Er kann im Süßwasser von Seen, Flüssen und Meeren gefunden werden, tritt in verschiedenen Farben auf und erreicht eine Länge von einem Meter. Sein primitives knorpeliges Skelett versteinert weniger leicht als Knochen, aber Fossilien wurden bis zurück in die Zeit des Karbons oder Devons gefunden: sie sind also etwa 360 Millionen Jahre alt. Diese Parasiten haben einen ähnlichen Lebenszyklus wie die Lachse: sie werden in Binnenflüssen geboren, wachsen im Meer heran und kehren zum Laichen in die Flüsse zurück. Römer, Wikinger und Briten des Mittelalters sahen auf ihren Festen Fluss- oder Meeresneunaugen als Delikatesse an, und man findet sie noch immer auf den Speisekarten Südwesteuropas, falls Sie Lust auf eine Kostprobe dieser Leckerbissen verspüren sollten …

„Es reißt ein Loch in seine Beute und hängt sich an das Opfer, um dessen Blut mit der Zunge auszusaugen.“

„Es reißt ein Loch in seine Beute und hängt sich an das Opfer, um dessen Blut mit der Zunge

RÄTSELHAFTE RAUBTIERE

Vergessen Sie die fiktiven Raubtiere und grausamen Monster aus Büchern und Filmen. Die Tiere hier sind real und uns sehr viel näher. Wer weiß, vielleicht sehen Sie selbst einmal eines.
Wir sind Haustierfreunde und unsere Zuneigung zu Tieren ist bekannt. Es ist daher sehr unwahrscheinlich, dass wir ein Haustier mit einem Tier verwechseln, das in einen Zoo oder in die Wildnis Afrikas gehört. Trotzdem gibt es pro Jahr bei Katzen und Hunden viele seltsame Beobachtungen, die nicht auf die übliche Weise erklärt werden können. Sie sind oft viel zu groß und verhalten sich in einer Weise, die nicht im Einklang mit dem üblichen Verhalten von Katzen- oder Hundearten steht. Es gibt viel zu viele Berichte über sie, als dass sie alle aus dem Zoo entkommen, ausrangierte exotische Haustiere, Fälschungen oder Verwechslungen sein können. Manchmal können es flüchtige Beobachtungen sein, bevor das Tier die Anwesenheit des Menschen spürt und flieht. Aus Tausenden von verfügbaren Fotos präsentieren wir eine Handvoll, um Ihnen die interessantesten – und die rätselhaftesten – Schnappschüsse zu zeigen. In vielen Fällen kann die Integrität der Zeugen und Fotografen nicht gut in Zweifel gezogen werden, und eine digitale Manipulation würde wenig Sinn ergeben. Aufgrund der Intransigenz verschiedener Behörden, die mit banalen Erklärungen die Ängste und die öffentliche Aufregung bzw. die Forderung nach einer Überprüfung zu zerstreuen suchten, konnte die Wahrheit hinter den Abbildungen der Fotos oft nicht entdeckt oder erhärtet werden.
Im zweiten Teil des Kapitels kehren wir zum Meer zurück und treffen auf gefährlich und verstörend wirkende Lebewesen. Die Vorstellung, von einer Qualle gestreift zu werden, ist bereits schlimm, der Gedanke aber, dass Portugiesische Galeeren, bei denen der Kontakt ohne ärztliche Hilfe tödlich enden

kann, Küstengebiete dort umkreisen, wo sie eigentlich nicht vorkommen sollten, bereitet weitaus mehr Unruhe; genau das aber scheint der Fall zu sein. Man sagt, dass eine ganze Armada von ihnen in den letzten drei Jahren in den britischen Gewässern erschienen ist; die Marine Conservation Society hat hierzu 60 Berichte verfasst. Es scheint, dass überdies auch einige ziemlich gefährliche Haiarten begonnen haben, Gewässer außerhalb ihrer üblichen Jagdgründe zu erkunden. Diese Fische sind keine Ausgeburten von Fantasten und sie sind auch keine schwimmenden Baumstämme oder Fälschungen – sie sind völlig real. Auch wenn Sie nicht von Haien angegriffen werden, während sie gerade in Strandnähe paddeln, sollten Sie den Warnungen Beachtung schenken.

Möglicherweise sind diese Ereignisse ein Vorzeichen dafür, was auf uns durch die Erwärmung des Klimas zukommen könnte. Vielleicht ist es wirklich nur eine Frage der Zeit, bevor Weiße Haie wie in Australien die Surfer auch in unseren Breitengraden beunruhigen? Welche anderen Kreaturen werden sich dorthin verirren, wo sie üblicherweise nicht vorkommen, und – viel wichtiger –, was wird geschehen, bis wir sie entdecken? Wer weiß schon, was tatsächlich unter der Oberfläche oder in der Dämmerung der Wildnis lauert ...

Der Whitley-Hund

Im Juni 2007 führte Martin Whitley eine Gruppe bei einer Falkenjagd in Devon (England), als einer seiner Kunden ein seltsames Tier in der Nähe beobachtete:

> *„Ich ließ mit einigen amerikanischen Kunden einen Falken in Dartmoor fliegen, als mich einer von ihnen auf diese Kreatur aufmerksam machte. Sie spazierte auf einem Pfad, etwa 200 Yards [183 m] entfernt. Sie war schwarz und grau und von der Größe mit einem Miniaturpony vergleichbar. Sie hatte sehr üppige Schultern, einen langen dicken Schwanz mit einem blutigen Ende und kleine runde Ohren. Ihre Bewegung schien katzenartig; dann kam mir ‚bärenähnlich' in den Sinn …"*

„… diese Kreatur … hatte sehr üppige Schulter und kleine runde Ohren."

Experten haben dieses Lebewesen schnell als große Katze abgetan; was könnte es sonst sein? Ein großer wilder Hund? Oder eine Verwechslung mit einem Tier vom Bauernhof? Es gibt viele Berichte von Beobachtungen von großen schwarzen Hunden in England, darunter ein zeitgenössischer Bericht aus Bungay (Suffolk) aus dem Jahre 1577, und eine sehr ausführliche Darstellung eines Angriffs auf einem abgelegenen Bauernhof am südlichen Rand von Dartmoor im Jahre 1972. Egal ob Whitley mit Blick auf dieses Lebewesen recht hat oder nicht, das Foto bleibt dennoch verblüffend. Vielleicht ist seine Ähnlichkeit mit dem „Hound Tor" – einem Feldaufschluss, der durch Sir Arthur Conan Doyles *Hund von Baskerville* bekannt wurde – ein weiterer Hinweis in dem Bestreben zu entdecken, was sich so alles in den abgelegeneren Landschaften Großbritanniens verbirgt.

Danny Camping von der British Big Cats Association hält es für sehr unwahrscheinlich, dass es sich bei dieser Kreatur um eine Katze handelt. Er sagte: „Ich kann ein Hund oder ein Pony nicht ausschließen; aber mein Geld würde ich auf ein behaartes Wildschwein setzen."

Quelle: www.bbc.co.uk

Der Whitley-Hund

Ist es eine Art Wildschwein, ein entlaufenes Haustier, eine verwilderte Katze oder ein Fall von Verwechslung mit einem Nutztier? Das Einzige, was wir sicher wissen, ist, dass das Erscheinen dieses Tieres dazu beigetragen hat, den Tourismus in dieser Region zu stärken und dass sich Herrn Whitleys „Bestien-Touren" als sehr beliebt erweisen.

Der Puma von Surrey

Berichte über seltsame Katzenarten, die frei in Surrey (England) herumlaufen, sind nicht ungewöhnlich und gehen bis ins 18. Jahrhundert zurück. Die Entdeckung eines schwerverletzten Ochsen im Jahre 1962 führte zu einer Flut von Berichten über Beobachtungen; ein Pfotenabdruck, der ganz in der Nähe gefunden wurde, wurde von Experten im Londoner Zoo als der eines Pumas identifiziert. Skeptiker werden darauf bestehen, dass dies Verwechslungen und Fälschungen seien. Doch am 14. August 1966 knipsten zwei ehemalige Polizei-Fotografen diese große Raubkatze in Worplesdon (Surrey). Etwa zur gleichen Zeit behauptete ein Bauer, eine große Katze in der Umgebung angeschossen und verletzt zu haben, konnte dafür aber keinen Beweis liefern. Die Meldungen über diese Beobachtungen gerieten in Vergessenheit, bis im Jahre 1970 Pfotenabdrücke im Schnee gefunden wurden, die erneut als die einer großen Katze identifiziert wurden. Bis heute gibt es Aufzeichnungen über Beobachtungen des Surrey-Pumas, aber stichhaltige Beweise hat es nie gegeben. Könnte es in Surrey wirklich eine Großkatze geben, die frei herumläuft – vielleicht mit Nachwuchs?

Der Puma, *Felis concolor,* ist ein in Amerika beheimatetes Säugetier. Er hat die Eigenart, sich anzupirschen und seine Beute aus dem Hinterhalt anzufallen; er ernährt sich hauptsächlich von großen Tieren und bevorzugt die Jagd in geschlossenen Gebieten, wo er seine Beute in die Enge treiben kann, statt in weiten Ebenen. Der Puma jagt gerne in der Morgen- und Abenddämmerung und kann bis zu 2,7 m lang (einschließlich Schwanz) und 0,8 m hoch werden. Manche wiegen bis zu 90 kg, Weibchen etwas weniger. Seine Färbung ist klar – gelbbraun mit rötlichem Schimmer. Pumas leben etwa zehn Jahre. Warum es Berichte über die Beobachtung dieser Tiere in Großbritannien gibt, bleibt rätselhaft. Eine Erklärung besagt, dass Menschen diese Katzen als Haustiere gekauft haben könnten, um sie dann, wenn sie zu groß oder gefährlich wurden, auszusetzen. Eine andere Erklärung geht davon aus, dass sie aus Wildparks oder

> „Es wurden Pfotenabdrücke im Schnee gefunden, die als die einer Großkatze identifiziert wurden."

Zoos ausgebrochen seien und nun durch die Landschaft streiften. Amtliche Angaben über Ausbrüche von Großkatzen sind bekanntlich schwer zu überprüfen. Fantasie oder Tatsache? Entscheiden Sie!

Katzen und immer mehr Katzen

Am 11. Jänner 2003 veröffentlichte die britische Zeitung *The Guardian* den folgenden Bericht von John Vidal:

> *„Einige Zoologen sind der Überzeugung, Großbritannien habe eine gesunde, wachsende Population von Tieren, die mit Afrika in Verbindung steht. Ungeachtet existierender Fälschungen gebe es ‚Raubkatzen', die sich in Braintree, Balmoral, Barton, Billericay, Blairgowrie, Bodmin, Bucks ,Carmarthen, Dean, Gobowen, Gloucestershire, Exmoor, Fife, Ongar, Paisley und einem Dutzend anderer Orte etabliert hätten. Aus jedem Landkreis gebe es entsprechende Beobachtungen – von Luchsen und Leoparden, bis hin zu Pumas, Ozelots und Rohrkatzen."*

Neil Arnold, Direktor der Kent Big Cat Society, behauptet, er habe über 1.500 Berichte über Beobachtungen in den letzten zehn Jahren erhalten. Er und Zoologen wie Quentin Rose vom Londoner Zoo glauben, dass es eine bedeutende Population von Großkatzen in Großbritannien gibt – und dass sie auf dem Vormarsch seien. Dies könnte durch den „Dangerous Wild Animals Act" aus den späten 1970er Jahren begründet sein: Der Bevölkerung wurde auferlegt, exotische Haustiere freizulassen, die sich in der Folge mit Hauskatzen paarten, sodass Kreuzungen entstanden. Falls das so zutrifft, dann sollte den folgenden Fotos besondere Aufmerksamkeit gelten.

„Einige Zoologen sind der Überzeugung, Großbritannien habe eine gesunde, wachsende Population von Tieren, die mit Afrika in Verbindung steht."

Am 13. März 2008 veröffentlichte die irische Polizei dieses Foto, das von einer Frau in der Nähe von Manorcunningham (Donegal) aufgenommen wurde. In einem Artikel des *Irish Independent* vom 14. März, in dem hierüber berichtet wurde, wurde Superintendent Vincent O'Brien im *Irish Independent* wie folgt zitiert: „Sie sah das Tier aus nächster Nähe in ihrem Garten und ist sich sicher, dass es kein Hund gewesen war." Das Tier wurde vom Fotoapparat erfasst, als es über Ackerboden streifte; in einem Gebiet, in dem es erst kurz vorher Berichte über Angriffe auf Schafe gab.

Aus Schottland kennen wir das die genannte „Helensburgh-Bestie“. Das Bild wurde am 30. Juni 2009 in Helensburgh (Argyll) von dem Polizisten Chris Swallow mit seinem Handy aufgenommen. Er konnte ein Foto machen und ein Video von wenigen Minuten Länge aufnehmen. Kurz vorher waren in diesem Distrikt ähnliche Beobachtungen gemeldet worden. Experten behaupteten, dass es sich bei diesem Tier um eine überfütterte Hauskatze gehandelt habe.

Katzen und immer mehr Katzen

Ben Coles fotografierte dieses Tier, das als „Moortiger" bezeichnet wird (aber offensichtlich kein Tiger, sondern eher eine andere große Katze ist!), hinter seinem Haus in Snailwell (in der Nähe von Newmarket, England). Das Tier soll laut seiner Beschreibung eine Länge von 1,2 bis 1,5 m und eine Größe von 0,9 m gehabt haben. Coles behauptete, dass die Skepsis, die er normalerweise habe, wie weggefegt war, als er dieses Tier mit eigenen Augen sah.

Noch einmal der „Moortiger": Dieses Videomaterial wurde 1994 von William Rooker in der Nähe des Dorfes Cambridgeshire (Cottenham) aufgenommen, und zwar etwa 30 km von dem Ort entfernt, wo Ben Coles sein Foto gemacht hat. Das Videomaterial hat eine Länge von zwei Minuten.

Quallen-Armada

Es gibt viele Geschichten von regelrechten Qualleninvasionen in Küstengewässern, die *Cyanea Capillata* aus dem Jahre 1865 eingeschlossen, die eine 2 m große Glocke und 35,5 m lange Tentakeln hatte. Als im Jahre 2009 eine Reihe von Portugiesischen Galeeren (*Physalia physalis*) an einigen Stränden im Südwesten von Großbritannien gesichtet wurde, betrachtete man dies als ein berichtenswertes Ereignis. Die Marine Conservation Society (MCS) verbreitete eine Warnung, nachdem sie mehr als 60 Berichte über Beobachtungen dieser Quallenart erhalten hatte. Diese Qualle, die einen Luftsack von rund 30 cm Länge und 13 cm Breite hat, wird so genannt, weil dieser dem Segel eines Portugiesischen Kriegsschiffs aus dem 16. Jahrhundert gleicht. Ihre Fangfäden, die im besten Fall äußerst schmerzhaft und im schlimmsten Fall tödlich sein können, verursachen die größte Sorge im Hinblick auf die öffentliche Sicherheit. Die mit Gift gefüllten Tentakel können ihre Beute umgehend lähmen, und die Berührung von toten Tentakeln eines dieser Exemplare kann nachweislich ebenso böse Folgen haben wie die mit lebenden. Dieses Lebewesen ist nicht wirklich eine Qualle, sondern eine Staatsqualle: ein einziges Tier besteht aus einer Kolonie von Organismen, die normalerweise weit draußen im Meer leben.

2009 war das dritte Jahr in Folge, dass eine derart große Anzahl von Quallen dieser Art in Großbritannien registriert wurde. Ihr üblicher Lebensraum sind die warmen, tropischen Gewässer: Florida Keys, Atlantikküste, Golf von Mexiko, Indischer und Pazifischer Ozean und Karibik. Das Auftreten kann auf eine Reihe von Ursachen, wie Klimawandel oder Umweltverschmutzung, zurückzuführen sein. Was auch immer der Grund für ihr Auftauchen in Großbritanniens Gewässern ist, eines ist sicher: Falls Sie ihnen jemals begegnen sollten, sollten Sie eine Berührung besser vermeiden!

„Die mit Gift gefüllten Tentakel können ihre Beute umgehend lähmen."

Cornwalls Haie

„Willkommen in der malerischen Küstenstadt St. Ives in der schönen Grafschaft Cornwall (England). Hier können Sie das besondere Tageslicht, in Vergangenheit und Gegenwart von vielen Künstlern geschätzt, genießen. Hier können Sie an den sonnigen Stränden entspannen, im klaren blauen Meer schwimmen und von Haien gefressen werden!"

Es mag überspannt erscheinen, aber laut britischer Boulevardpresse soll im Sommer 2007 eine solche Bedrohung möglich gewesen sein. Ein Urlauber hatte vom Strand von Porthmeor aus Delphine gefilmt. Als er das Filmmaterial später zu Hause sichtete, erkannte er, dass er etwas gefilmt hatte, das von seiner Position (ca. 180 m entfernt) wie ein großer Hai aussah. Ein führender Hai-Experte bestätigte, dass es sich bei dem 3,5 m langen, schwimmenden Lebewesen um einen räuberischen Hai handelte, und die Möglichkeit bestünde, dass es ein Weißer Hai gewesen war, so wie er in Steven Spielbergs Film „Der Weiße Hai" verewigt wurde. Trotz der schlechten Presse, unter deren Folgen Haie zu leiden haben, sind von den 30 Arten, die in britischen Gewässern nachgewiesen werden konnten, nur zwei eine mögliche Bedrohung für den Menschen. Der Blauhai (*Prionace glauca*) erreicht eine Länge von 3,8 m und wird für einen einzigen bekannten Todesfall verantwortlich gemacht. Der Makohai hingegen, der gleich groß wird und Geschwindigkeiten von bis zu 30 km/h erreichen kann, wird mit mehreren Todesfällen in Verbindung gebracht. Beide Arten finden sich im tiefen Wasser, weit entfernt von der Küste. Im Gegensatz dazu ist der riesige Walhai (*Rhincodon typus*), der über 18 m groß werden kann, völlig harmlos für den Menschen. Auch der Plankton fressende Riesenhai (*Cetorhinus maximus*), der über 9 m Größe erreicht, wird Ihnen keine Schwierigkeiten bereiten.

„Ein führender Hai-Experte bestätigte, dass das Lebewesen ein räuberischer Hai war."

War es nun also ein Weißer Hai oder doch eine Verwechslung? Die Küstenwache behauptet, dass es aus Cornwall keine bestätigten Beobachtungen eines Weißen Hais gegeben habe; Experten behaupteten hingegen, dass die Finne auch die eines Heringhais gewesen sein könnte. Wie auch immer die Antwort lautet: Die Chance, von einem bösartigen Hai angegriffen zu werden – sollten Sie nächsten Sommer in Cornwall Ihre Füße in das Wasser tauchen –, ist unglaublich gering.

BIGFOOT, YETIS UND AFFEN

Unbestreitbar ist, dass der Mensch viele Gemeinsamkeiten mit den Primaten hat. Es ist aber wichtig zu bedenken, dass es auch große Unterschiede gibt – nicht zuletzt deshalb, weil Primaten im Allgemeinen mit dickem drahtigem Haar bedeckt sind und die Fähigkeit haben, sich in einer Weise fortzubewegen, die sich der Mensch nicht vorstellen kann.

Möglicherweise deshalb, weil es unser Wunsch ist, das fehlende Glied zwischen uns und den Affen zu finden oder um die anthropomorphen Empfindungen im Hinblick auf Affen zu erklären, gibt es seit langem ein reges Interesse an zweibeinigen, affenähnlichen Kreaturen, die weiter entfernte Regionen der Welt bewohnen; diese reichen von der düsteren, gefrorenen Wildnis Russlands bis hin zum Himalaja. Es gibt viele Probleme bei diesen Studien; die Tiere selbst sind schwierig zu lokalisieren und die immer vorhandene Möglichkeit, käufliche „Affenanzüge" zu erwerben, verleitet zu Schabernack. Man muss sich nur das wachsende Interesse, geweckt durch Filme wie *King Kong* ansehen, um zu verstehen, dass das, was uns im folgenden Kapitel beschäftigen wird, sowohl frustrierend als auch verblüffend ist.
Der berühmte Bigfoot, der angeblich 1967 in Bluff Creek (Kalifornien) aufgenommen wurde, weckt noch immer Misstrauen und verursacht mehr als 40 Jahre später Rechtsstreitigkeiten. Die Florida-Version des Bigfoot ist, wegen seines üblen Geruchs, unter dem wenig schmeichelhaften Namen „Skunk Ape" bekannt. Vom „Sasquatch" aus Texas glauben wir, dass er ähnlich aussieht. Sind dies wirkliche Lebewesen oder ist es eine abenteuerliche Melange aus Scherz, Mythen und Folklore? Das „de Loys"-Affenfoto von 1920 ist ein echtes

Bild, das ein reales, wissenschaftlich verifiziertes Tier zeigt ... oder doch nicht? Ist es ein Klammeraffe, der seinen Schwanz hinter sich verbirgt, oder eine noch unbekannte Spezies?
Tief aus den Sümpfen von Honey Island in Louisiana stammt ein mysteriöser Fußabdruck, der, wenn er nicht künstlich hergestellt wurde, auf ein nicht identifiziertes Lebewesen hindeutet, das ganz in der Nähe glücklich existieren soll. Damit ist der Schneemensch oder Yeti noch nicht einmal erwähnt – die wohl berühmteste Figur der Kryptozoologie. Es gab so viele flüchtige Eindrücke dieses Tieres und Fotos seiner Spuren, dass es fast einfacher ist, an seine Existenz zu glauben, als diese zu bezweifeln. Doch trotz der Überzeugung vieler Menschen an der Richtigkeit der Nachweise, die gesammelt wurden, gibt es nach wie vor diejenigen, die all dies abstreiten. Auch die gelegentlichen Fälschungen und die Verbreitung von Fehlinformationen tragen wenig zur Glaubwürdigkeit des Anliegens bei, die Existenz eines Geschöpfs, das der Wissenschaft noch unbekannt ist und in Wäldern leben könnte, zu verifizieren. Der so genannte Minnesota-Eismensch ist ein solcher Fall. Seit längerer Zeit ist man der Auffassung, dass es sich hier entweder um einen der wichtigsten jemals gemachten Funde eines Frühmenschen handle, der einen signifikanten Fortschritt in unserem Wissen über die menschliche Evolution bedeuten könnte, oder aber eine Fälschung handeln könnte, die eine Reihe von Menschen seit ziemlich langer Zeit zum Narren hält. Solange dieser „Eismensch“ nicht wieder erscheint, werden wir wohl weiter im Ungewissen bleiben.
Wenn Sie sich den Weg durch diese Liste außergewöhnlicher Lebewesen bahnen, dann überlegen Sie, wie viele Exemplare dieser Spezies am Leben sein müssen, um den Bestand zu erhalten? Gibt es nur einen einzigen Yeti oder muss es irgendwo ein Brutpaar geben? Wie so oft in derartigen Fällen fehlen bei diesen Beobachtungen vielfach nachprüfbare Beweise. Alles was wir tun können, ist zu entscheiden, ob die Fotografien, die wir hier zeigen, hinreichend Beweise dafür liefern, um an die Existenz derartiger Kreaturen glauben zu können. Neigen Sie eher zur Skepsis oder sind Sie eher von etwas zu überzeugen? Die Antwort kennen nur Sie selbst.

Bigfoot am Bluff Creek

Ein Bigfoot ist, so die allgemeine Vorstellung, mit dichten braunen Haaren bedeckt, steht aufrecht bis zu einer Höhe von etwa zwei Metern, wiegt über 180 kg und ist vorsichtig beim Kontakt mit Menschen. Seit dem 19. Jahrhundert hat es Tausende Berichte über riesige behaarte Kreaturen gegeben, auf die diese Beschreibung zutrifft. Dieses Foto ist das Standbild eines Videos von Roger Patterson und seines Freundes Bob Gimlin in Bluff Creek (Kalifornien) vom 20. Oktober 1967. Das Lebewesen passt perfekt auf die Beschreibung eines Bigfoot. Es gab viele Falschmeldungen über den Bigfoot, die nicht dazu beigetragen haben, dass entsprechende Beobachtungen ernst genommen wurden. Bob Heironimus, ein Freund von Patterson, behauptete, dass der Film in Wahrheit seine Person in einem Affenkostüm zeige. Bob Gimlin versicherte, dass dies nicht der Fall war, aber er hält sich im Hinblick auf die ganze Angelegenheit bedeckt. Nach dem Tod von Roger Patterson im Jahre 1972 (der noch auf seinem Totenbett darauf bestand, dass es eine authentische Aufnahme eines zweibeinigen, wissenschaftlich unbekannten Tieres war) ist es unwahrscheinlich, dass wir jemals die Wahrheit herausfinden werden. Ein letztes Wort der Warnung aber dennoch: Der Film wurde im *Bluff* Creek gemacht!

„Es war eine authentische Aufnahme eines zweibeinigen Tieres, das Wissenschaftlern unbekannt war."

Patterson und Gimlin überquerten den Bach zu Pferd, als der Bigfoot das erste Mal erschien. Pattersons Pferd wurde von der Kreatur erschreckt, und er brauchte gut 20 Sekunden, um sich aus dem Sattel zu befreien, die Kamera herauszuholen und mit dem Filmen zu beginnen. Patterson behauptete, dass die kürzeste Entfernung zu diesem Geschöpf etwa 7,5 m betrug. Er sagte auch, dass er es verfolgt habe, als es sich wegzubewegen begann, was den sehr verwackelten Start des Filmmaterials erklären würde.

Der mittlere Abschnitt des Videos ist viel ruhiger, der kniende Patterson war ungefähr 25 m von der Kreatur entfernt. An diesem Punkt drehte sie sich um und schaute über die Schulter direkt zu Patterson (rechts). Nach der Begegnung, so behaupteten die Männer, hätten sie ihre Pferde gewendet und die Kreatur etwa 5 km lang verfolgt, bevor sie dessen Spur im dichten Unterholz verloren.

Der Skunk-Affe

Beobachtungen dieses großen, haarigen und übelriechenden Bigfoot in Florida gehen bis in die 1920er Jahre zurück. Eine signifikante Steigerung von Beobachtungen fand im Zuge der Veröffentlichung der so genannten Myakka-Fotografien statt, die Ende des Jahres 2000 von einer Einwohnerin von Myakka (Sarasota County, Florida) gemacht wurden. Ihr sachlicher Bericht im Büro des lokalen Sheriffs zeigte keinerlei Anzeichen von Hysterie, die in Zusammenhang mit Fälschungen häufig zu konstatieren sind. Sie glaubte, dass das Tier, das jede Nacht Äpfel aus ihrem Garten stahl, ein Orang-Utan gewesen sein könnte. Allerdings stimmte ihre Beschreibung nicht mit der eines Orang-Utans überein: das Tier soll eine Größe von etwa 2,15 m und dunkelbraun/rötliches Haar gehabt haben sowie „einen schrecklichen Geruch, der auch, nachdem es verschwunden war, weiter anhielt …“. In einigen Berichten wurde spekuliert, dass der Grund für den üblen Geruch darin liegen könnte, dass das Tier in der Kanalisation des Bezirks lebte.
Die Fotos wurden vor Ort entwickelt und, soweit man weiß, nicht manipuliert. Im Jahre 2003 wurde dieses Tier auch für das Verschwinden einer Reihe von Haustieren in Tennessee verantwortlich gemacht. Wir haben also auch hier die gewohnten Alternativen, nämlich dass der Skunk-Affe in Wirklichkeit ein Schwindel war oder ein Fall von Verwechslung oder aber tatsächlich existiert und in Florida frei herumläuft.

„Das Tier hatte einen schrecklichen Geruch, der auch, nachdem es verschwunden war, anhielt.“

„Das Tier hatte einen schrecklichen Geruch, der auch, nachdem es verschwunden war, anhielt.“

Bigfoot oder Tarnanzug?

Am 30. November 2009 erhielt die Polizei im Westen von San Antonio (Texas, USA) Notrufe von mehreren Augenzeugen, die behaupteten, sie hätten einen haarigen Bigfoot gesehen, der aufrecht über 1,80 m groß gewesen sein soll, aus dem Wald lief und einen Hirsch getötet hat.

Die Beamten, die die Personen vernahmen, schätzten die Zeugen als zurechnungsfähig ein, verständlicherweise aber waren sie ängstlich. Eine Anruferin beschrieb, was sie sah:

> *„… dieses große Etwas war 23 m von mir entfernt, roch furchtbar, verschlang einen ganzen Hirschkadaver, und dann schrie es, kreischte, und verschwand über die Straße."*

„Dieses große Etwas verschlang einen ganzen Hirschkadaver, und dann verschwand es und schrie."

„Dieses große Etwas verschlang einen ganzen Hirschkadaver, und dann verschwand es und schrie."

Beobachtungen dieses Bigfoot setzten 2005 ein und haben in dieser Gegend seither kontinuierlich zugenommen. Natürlich stand die Vermutung im Raum, dass es sich bei diesem Bild um eine Fälschung handeln könnte. So wie dieses Tier zwischen den Bäumen steht, weist es auch eine gewisse Ähnlichkeit mit einem Mann in einem Tarnanzug auf. Der Anzug könnte von jemandem getragen werden, der im Laub verborgen bleiben wollte. Ohne weitere Informationen oder handfeste Beweise ist es sehr schwierig zu entscheiden, ob dies ein im Wald stehender Bigfoot ist oder schlicht ein Jux.

Der de-Loys-Affe

Im Jahre 1920 suchte François de Loys, ein Schweizer Geologe, in der Nähe des Flusses Tarra an der Grenze zwischen Kolumbien und Venezuela nach Öl, als er und seine Kollegen während des Campings in der Nacht von zwei Kreaturen attackiert wurden. Er erschoss eine, und die andere floh. Das Foto zeigt angeblich einen Affen von 1,5 m Größe, mit rötlichem Haar bedeckt, auf einer Kiste sitzend und von einem Stab gestützt.
Die Kreatur hatte angeblich 32 Zähne und keinen Schwanz. Es war ihm nicht möglich, den Kadaver mit zurückzubringen, was der einzig mögliche Beweis dafür gewesen wäre, dass diese Menschenaffen in Amerika lebten.
Inoffiziell als *Ameranthropoides loysi* bezeichnet (so benannt von dem Anthropologen Georges Montandon), wurde dieses Foto von de Loys bis 1929 nicht veröffentlicht. Allerdings bezeichnete die Pariser Akademie der Wissenschaft es als eine Fälschung, die aus der Leiche eines Klammeraffen (*Ateles belzebuth*), dessen Schwanz verborgen ist, bestünde. Ungeachtet anderweitiger Behauptungen, die ähnliche Beobachtungen zum Inhalt hatten (Roger de Courtville 1938 und 1947), wird hier im Allgemeinen von einem Schwindel ausgegangen. Skeptiker behaupten, dass de Loys aufgrund der fehlenden Fotografie von der Rückseite der Kreatur nicht beweisen kann, dass das Tier keinen Schwanz hatte. Überdies sind seitdem noch andere Hinweise ans Licht gekommen, wie ein Bananenbaumstumpf in der Aufnahme, der beweist, dass de Loys das Foto möglicherweise nicht dort gemacht hat, wo er sagte, dass er es gemacht habe. Egal ob es sich hier um einen großen Klammeraffen, einen harmlosen Scherz zur Belebung der schwierigen Expedition oder um einen bösartigeren, politisch motivierten Versuch handelt, die Evolution zu erklären: Das Tier ist in der Tat ziemlich bizarr anzusehen, und ich möchte denjenigen sehen, der nicht vor Angst starr wird, wenn diese Kreatur sich ihm in der Nacht nähert!

„Die Kreatur hatte 32 Zähne und keinen Schwanz."

Bigfoot oder Bär?

Rick Jacobs, ein Jäger aus Pennsylvania (USA), behauptet, dieses Bild gemacht zu haben, als er im Allegheny National Forest Hirsche aufnehmen wollte. Laut seinen Angaben hängte er die Kamera an einen Baum und machte das Foto mit einem automatischen Auslöser. Das Foto wurde auf der Webseite der Bigfoot Research Organization veröffentlicht, wo behauptet wurde, es handle sich hier um einen jungen Sasquatch (kanad. Bezeichnung für Bigfoot).

Die Pennsylvania Game Commission (PGC) untersuchte das Foto, das an einem geheim gehaltenen Ort im Wald gemacht wurde, und deklarierte es als Bär mit einer schweren Hauterkrankung. Ohne weitere Verifikation durch Jacobs oder einen Beweis für das Gegenteil wird es schwierig sein zu glauben, dass es ein Bigfoot war, der von der Kamera eingefangen wurde. Dies gilt erst recht vor dem Hintergrund der Tatsache, dass die PGC Erfahrung bei der Analyse solcher Fotos hat. Aber wäre es nicht großartig, wenn alle Skeptiker falsch lägen?

„Er hängte seine Kamera an einen Baum und machte das Foto mit einem automatischen Auslöser."

Honey-Island-Affe

Der Dreizehen-Fußabdruck, der hier abgebildet ist, gehört angeblich dem Honey-Island-Sumpfmonster, das in der Nähe von New Orleans (Louisiana, USA) gesehen wurde. Die erste Beobachtung im Jahre 1963 reklamierte Harlan Ford für sich; ein Fluglotse, der die tiefen Wälder des Sumpfes mit einem Freund auf der Suche nach einem Lagerplatz durchstreift hatte. Als sie der Meinung waren, einen passenden Ort gefunden zu haben, wankten die Männer durch das Dickicht zu jener Lichtung, wo sie mit dem Affen konfrontiert wurden, der sie anstarrte. Harlan und sein Freund nahmen die Verfolgung auf, aber konnten nur jene Spuren der Kreatur finden, die hier abgebildet sind.

Diese Fußspuren, mit drei oder möglicherweise vier Zehen, ähneln nicht den anderen bisherigen Bigfoot-Spuren; die Klassifizierung kann deshalb nicht richtig sein. Auch gleichen sie nicht den Fußspuren eines anderen bekannten Tieres. Eine lokale Legende erinnert an ein Zugunglück, bei welchem angeblich Schimpansen eines Zirkus aus dem Zug ausgebrochen sind; möglicherweise haben sie sich mit anderen Tieren dieser Gegend gepaart. Wie in anderen derartigen Fällen auch ist die Existenz eines derartigen Geschöpfs unter den Einwohnern heftig umstritten. Der einzige Weg, das Rätsel ein für allemal zu lösen, besteht darin, jenes Tier zu finden, das diese seltsamen Fußspuren hinterließ.

„Die Männer wurden mit dem Affen konfrontiert, der sie anstarrte."

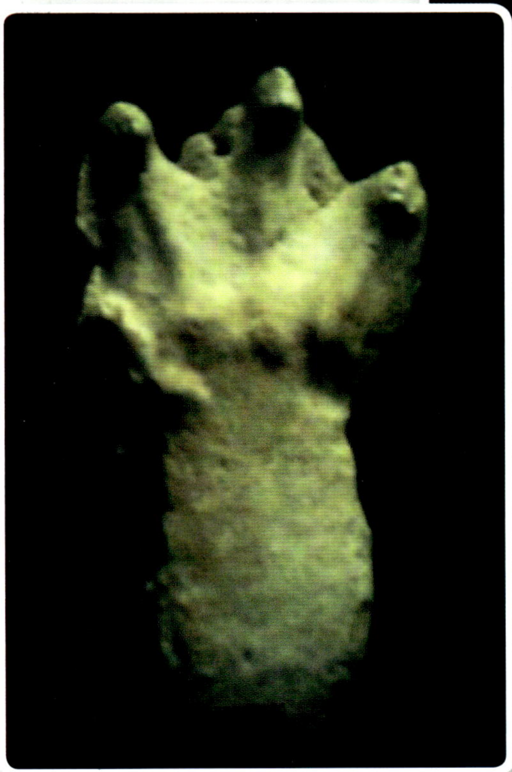

Ist es wirklich ein Yeti?

Der Yeti – auch als Schneemensch bekannt – ist zweifelsohne eine der bekanntesten Figuren der Kryptozoologie. Unter den Wissenschaftlern ist die Auffassung verbreitet, dass es hier um einen Stoff aus Mythen und Legenden handelt. Die meisten Berichte über Yeti-Beobachtungen stammen aus dem Gebiet rund um den Mount Everest, aus Nepal und aus den unbewohnten Weiten Chinas bzw. aus Russland bis hin zum Norden des Himalajas. Seit dem 19. Jahrhundert wurde von vielen Beobachtungen und zahlreichen Expeditionen berichtet, die Spuren entdeckt hätten, die keinem bekannten Tier zugewiesen werden können. Die Informationen deuten auf die Existenz von mindestens drei Arten von zweibeinigen Tieren hin, von denen einige mehr als 80 kg wiegen und aufrecht eine Größe von zwei Metern erreichen. Von den vielen möglichen Berichten, die angeführt werden könnten, ist der folgende eines professionellen Bergsteigers typisch:

> *„Vor 1951 habe ich wie andere Reisende auch eine Reihe von unerklärlichen Spuren im Schnee des Himalajas und Karakorums gesehen, und unzählige Geschichten über den ‚Yeti' von meinen Sherpa-Freunden gehört. Ich war geneigt, die Kreatur als Fantasiegespinst abzutun. Aber die Spuren, die Michael Ward … und ich im Menlung-Becken nach der ‚Everest Reconnaissance Expedition' fanden, waren sehr frisch und zeigten deutlich den Umriss und die Konturen nackter Füße, sodass ich nicht länger Skeptiker blieb. Es gab keinen Zweifel, dass hier vor kurzer Zeit eine große Kreatur vorüberging und dass es, was immer es war, kein menschliches Wesen war, auch kein Bär und keine bekannte Affenart, die in Asien vorkommt."*

(Eric Shipton im Vorwort zu „The Snowman and Company" von Odette Tchernine)

„Die Spuren waren sehr frisch und zeigten deutlich den Umriss und die Konturen nackter Füße."

Es gibt bemerkenswert wenige Informationen über dieses Bild, das angeblich im Jahr 1996 von zwei Wanderern in Nepal aufgenommen wurde. Es ist etwas unscharf, und ohne weitere Einzelheiten muss es eine mögliche, aber unbestätigte Beobachtung bleiben. Stehen Sie hier auf Seiten der Skeptiker oder auf der der Gläubigen?

Dies ist einer von Shiptons Fußabdrücken, 33 cm breit und 46 cm lang. Er wurde auf einem Weg gefunden, den Shipton, Ward und ihr Führer Sen Tensing über den Menlung-Gletscher zwischen Tibet und Nepal etwa 1 km weit folgten. Die Reaktionen über den Fund waren gemischt; sie reichten von Mutmaßungen, es handle sich hier um eine Verwechslung oder Fälschung, bis hin zu Behauptungen, hier seien in der Tat Beweise für die Existenz des Yeti gefunden worden.

Der Eismensch von Minnesota

Im Jahre 1967 stellte der Schauspieler Frank Hansen aus Winona (Minnesota, USA) einen „haarigen Mann“ im Stadtgebiet von Milwaukee aus, von dem er behauptete, er sei das „Missing Link“ zwischen Affen und Menschen. Terry Cullen, verschiedentlich als Zoologie-Student, aber auch als Reptilienhändler bezeichnet, schaute sich diese Ausstellung an; nachdem er heimische Wissenschaftler nicht für das Thema interessieren konnte, kontaktierte er schließlich Ivan Sanderson, einen Zoologen und Experten für Schneemenschen. Durch Zufall war gerade der Kryptozoologe Bernhard Heuvelmans bei ihm, sodass die beiden zu Hansens Hof reisten, um das Tier in Augenschein zu nehmen, das in einem Eisblock eingefroren war. Hansen äußerte sich vage über die Einzelheiten des Erwerbs dieser Kreatur und war bezüglich genauerer Untersuchungen zurückhaltend. Sanderson und Heuvelmans besuchten die Ausstellung für mehrere Stunden über einen Zeitraum von drei Tagen und machten Fotos und detaillierte Zeichnungen. Während dieser Zeit kamen sie immer mehr zu der Überzeugung, dass die Kreatur echt war, weil sich Zeichen von Fäulnis zeigten, als Teile des Eises schmolzen. Heuvelmans selbst nannte es *Homo pongoides*. Er beschrieb es als männlich, knapp 1,80 m groß, übermäßig behaart, mit einer mopsartigen Nase, kurzen Beinen und Plattfüßen. Das Exemplar lag auf dem Rücken, der linke Arm war leicht angewinkelt über den Kopf

„Es war übermäßig behaart, hatte eine mopsartige Nase, kurze Beine und Plattfüße.“

gehoben und die Handflächen aufwärts gedreht. Gesichtsverletzungen ließen darauf schließen, dass ihm durch den Kopf geschossen worden war.

Als wissenschaftliche Arbeiten über den Eismenschen verfasst wurden, begannen sich die Medien dafür zu interessieren. Im Jahre 1969 stellte sich heraus, dass der ursprüngliche Körper auf rätselhafte Art und Weise verschwunden war und der Eigentümer ihn durch ein Modell ersetzt hatte. Sanderson gab dem Exemplar den Spitznamen „Bozo“ (ein Fernsehclown), und die Gerüchte über eine Fälschung schossen ins Kraut. In einem Interview im Jahre 1995 berichtete Hansen, dass er „nie herausgefunden hat, ob der Eismensch echt war“. So bleibt die Frage: War der Eismensch aus Minnesota wirklich das Beispiel eines Frühmenschen, gefangen im Eis, oder nur ein Modell?

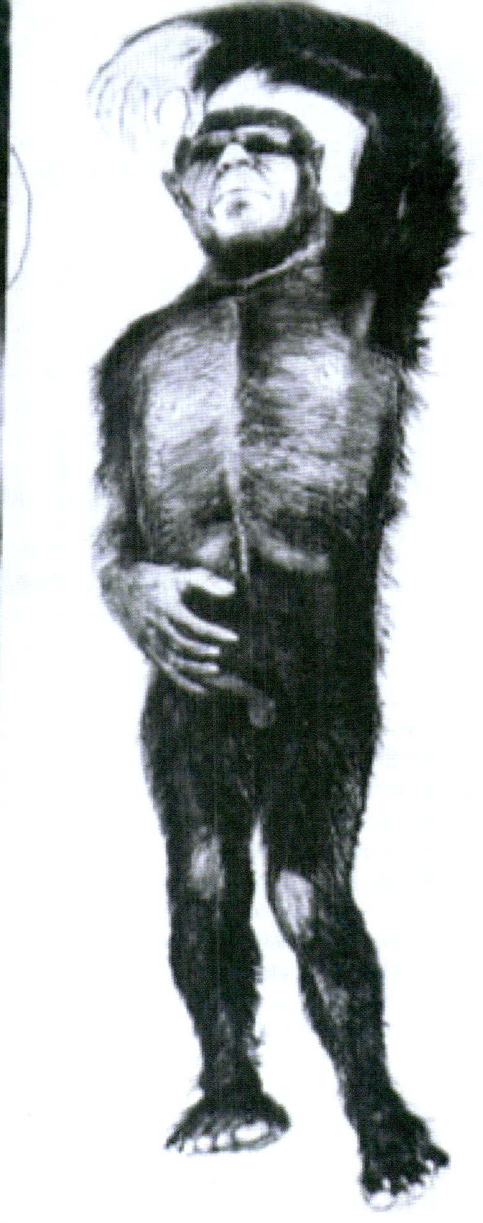

Ein großes haariges Tier

Justyn Folger betrat gerade einen Fluss in der Tatra (Polen), als sich vor ihr ein großes haariges Tier zeigte; ihr Freund Tadeusz Serafinowski bannte es instinktiv auf Film. Die hier gezeigten Aufnahmen kamen nach dieser Beobachtung in derselben Gegend zustande. Diese Bilder stammen aus dem Videomaterial von Piotr Kowalski vom 28. August 2009, als er auf einem Bergpfad eine Ziege filmte. Er erklärte hierzu:

> *„Ich sah diese riesige, affenähnliche Gestalt, die sich hinter dem Felsen versteckte. Als ich sie sah, war ich wie vom Blitz getroffen. Aus Warschau kommend, habe ich die lokalen Geschichten über einen wilden Bergaffenmenschen, der durch die Hänge streunt, nie wirklich geglaubt. Aber jetzt tue ich es."*

Die Gestalt rannte angeblich ins Blickfeld und wurde später von Robert Bernatowicz, dem Präsidenten der Nautilus-Stiftung in Warschau, in der *Fortean Times* wie folgt beschrieben:

> *„Es zeigt etwas, das sich auf zwei Beinen bewegt und größer als ein normaler Mensch ist – aber weil die Kamera so sehr gewackelt hat, ist es schwierig zu sagen, was es ist. Wir müssen zu der Stelle gehen und sehen, welche Spuren, falls es welche gibt, übriggeblieben sind."*

Sicherlich eine fundierte Aussage, aber bei der verstrichenen Zeit ist es unvermeidlich, dass, wie es so oft geschieht, entscheidende Beweise verloren gegangen sind. Uns bleibt deshalb einmal mehr die Entscheidung überlassen, ob wir Kowalski glauben oder nicht …

„Ich habe die lokalen Geschichten über einen wilden Bergaffenmenschen, der durch die Hänge streunt, nie wirklich geglaubt."

LEBENDE DINOSAURIER

Wir pflegen seit vielen, vielen Jahren eine Faszination für Dinosaurier und prähistorische Tiere. Plastikmodelle sind nach wie vor beliebte Geschenke für Jungen, Bücher und großartige Museumssammlungen erhalten die Faszination weiter am Leben. Filme wie *Jurassic Park* oder *The Lost World* haben das allgemeine Interesse weiter angeheizt, und allen Anzeichen nach wird die Begeisterung so schnell nicht erlöschen.

Dinosaurier waren Landtiere, die im Mesozoikum vor 225 bis 65 Millionen Jahren lebten. Dieser Zeitraum gliedert sich in drei Perioden: Trias, Jura und Kreidezeit. Die bekannten fliegenden und schwimmenden Arten waren eigentlich Reptilien, aber sie werden gewöhnlich den „schrecklichen Echsen" zugeordnet, die wir alle kennen und lieben! Dies ist kein Buch über Paläontologie, und wenn Sie Ihre Kenntnisse in diese Richtung erweitern möchten, dann stehen viele Bücher zur Auswahl. Aber Vorsicht – die Welt der Dinosaurier ist angefüllt mit Verwechslungen, Spekulationen und Kontroversen. Fossilien können Ihnen nur sehr begrenzt etwas erzählen, und da in dieser Zeit noch keine Menschen lebten (außer in fiktiven Darstellungen), dürften wir kaum einen Bericht aus dem Mesozoikum in die Hand bekommen. Kann es sein, dass ein paar Dinosaurier überlebten, die in den entlegensten und geheimnisvollsten Gebieten der Erde lauern? Das kann sein oder auch nicht …

Die „Flugsaurier", die in diesem Kapitel gezeigt werden, sind fast sicher eine Erfindung, was aber nicht bedeutet, dass alle Beobachtungen von reptilienartigen Kreaturen auf Fälschungen und Verwechslungen beruhen müssen. Ein Foto von einer fliegenden Anomalie im abgelegenen Dschungel machen zu wollen, ist fast unmöglich, besonders dann, wenn nur wenige von ihnen existieren. Ein großer Teil Australiens ist selbst von den einheimischen Aborigines unerforscht, deshalb war die Entdeckung der Fußspuren eines scheinbar großen, zweibeinigen Reptils, das als „Burrunjor" bezeichnet wird, im Jahre 1984 sicher eine Sensation. Das Bild vom Stegosaurus wurde an einem 800 Jahre alten Tempel in Kambodscha gefunden und hat erhebliche Kontroversen aufgewirbelt. Ist es einfach ein Drache aus der Folklore, wurde hier ein Mythos kreiert oder wanderten ein oder mehrere Stegosaurier zu dieser Zeit in Asien umher?

Dieses Kapitel ist deshalb zwangsläufig verwirrend, weil sich die Informationen über einige Bilder widersprechen. Wir haben den so genannten Kasai Rex aus dem Kongo als möglichen Bildausschnitt eines Fotos von einem Waran dargestellt, und dann einen noch weitaus unwahrscheinlicheren Angriff eines Tyrannosaurus Rex auf ein Nashorn. Das Emela-Ntouka wird gerne mit dem Styracosaurus verglichen, seine allgemeine Beschreibung mit einem Horn legt allerdings den Vergleich mit einem Monoclonius nahe oder – vielleicht im wörtlichen Sinn – mit einem „wildgewordenen Rhino". Der Mokele-Mbembe ist ein im Wasser lebendes, dem Sauropoden ähnliches Lebewesen, das aber auch ein Elefant mit einem aus dem Wasser ragenden Rüssel sein könnte. Das Urteilsvermögen kehrt mit dem Bild des wolligen Mammuts zurück, über das man durch eine beträchtliche Anzahl gut erhaltener Exemplare, die man in und um Sibirien gefunden hat, sehr viele Kenntnisse hat. Zum Ende also doch noch handfeste Beweise! Es bleibt allerdings die Frage – und sie hat zu erheblichen Meinungsverschiedenheiten geführt –, nämlich ob diese Art bis heute überlebt haben könnte.

Der „Bürgerkriegs“-Pterodaktylus

Im späten 19. Jahrhundert kam es zu manch seltsamer Behauptung im Hinblick auf Beobachtungen des berüchtigten Flugsauriers Pterodaktylus. Dieses besondere Bild soll eine Gruppe von US-Soldaten im Amerikanischen Bürgerkrieg in den 1860er Jahren mit einem dieser Tiere, ausgestreckt vor ihren Füßen liegend, zeigen. Es gibt aber noch weitere Berichte: Die *London News* vom 9. Februar 1856 kolportierte einen Bericht einer Gruppe von Bergleuten aus Frankreich, die eine Höhle sprengten. Daraufhin soll ein „ledriges Tier“ mit einer Spannweite von drei Metern zum Vorschein gekommen sein, das umgehend verendete. Es gibt indes keine Beweise, die diese erstaunliche Entdeckung stützen. Eingeborene südlich der Sahara behaupteten, dass sie manchmal von einer Kreatur attackiert worden seien, die sie „Kongomato“ nennen. Diese Kreatur ähnelte angeblich einem großen Flugsaurier. Fotos wurden allerdings nie gemacht.

Tatsächlich war das Bürgerkriegsfoto in Wirklichkeit ein Werbestunt, um das Interesse an einem TV-Programm zu wecken. Es hieß *Freaky Links* und wurde erstmals im Jahre 2000 auf Fox-TV in den USA ausgestrahlt.

Legenden über den „Thunderbird“ aus Nordamerika halten sich bis heute. Man berichtet von einem Vogel mit einer Größe von 2,5 bis 4,5 m. Leider gibt es keine Anhaltspunkte, die diese Legenden erhärten. Möglicherweise sind die fliegenden Reptilien aus der Kreidezeit und davor wirklich ausgestorben. Nur weil dieses Bild eine Fälschung ist, muss es nicht auch zwangsläufig so sein, dass alle derartigen Bilder Fälschungen sind.

> „Ein ledriges Tier mit einer Spannweite von drei Metern kam zum Vorschein und verendete umgehend.“

Burrunjor

Im Jahre 1984 wurden riesige, dreizehige Fußspuren eines gigantischen zweibeinigen Reptils in der Nähe von Narooma (New South Wales, Australien) entdeckt. Der Wissenschaftler Rex Gilroy bestätigte den Fund und machte einen Gipsabdruck von einer Spur, die 0,6 m lang und 15 cm breit war. Meldungen über entdeckte Spuren, verstümmelte Rinder und Berichte von verängstigten Menschen und Tieren tauchten das erste Mal in den 1950er Jahren auf. Dann, 1970, behauptete Johnny Mathis (ein Fährtenleser mit Aborigines-Wurzeln), ein 7,5 m großes Monster beobachtet zu haben:

> *„Kaum jemand außerhalb meines Volkes glaubt meine Geschichte, aber ich weiß, was ich sah."*

Der Burrunjor wird als großes, zweibeiniges, dreizehiges fleischfressendes Reptil mit kurzen Armen beschrieben. Dies erinnert unweigerlich an einen Tyrannosaurus Rex, einen der größten an Land lebenden Fleischfresser aller Zeiten. Man darf nicht vergessen, dass viele Gegenden Australiens einsam und unerforscht sind. Es ist durchaus möglich, dass es dort eine oder mehrere lebende Kreaturen gibt, die der Wissenschaft bis heute unbekannt sind. Wenn der Burrunjor mehr als ein Volksmärchen der Aborigines sein soll, dann muss man ein mögliches Überleben eines kreidezeitlichen Dinosauriers akzeptieren, auch wenn er sich zu einer neuen Spezies entwickelt hat. Könnte der T-Rex in Australien überlebt haben oder ist dieses Geschöpf Teil von Australiens reicher Folklore?

„Es ist durchaus möglich, dass dort eine oder mehrere Kreaturen leben, die der Wissenschaft bis heute unbekannt sind."

„Es ist durchaus möglich, dass dort eine oder mehrere Kreaturen leben, die der Wissenschaft bis heute unbekannt sind."

Ein Gipsabdruck von einem dreizehigen Fußabdruck, der in der Nähe von Narooma (Australien) gemacht wurde. Es wird angenommen, dass er von einem Burrunjor, einem dreizehigen Zweibeiner, stammt.

Gef, der sprechende Mungo

Im Jahre 1931 berichteten die Medien, dass ein Wiesel (später als Mungo bezeichnet) mit den Bewohnern einer abgelegenen Farm in Doarlish Cashen (Glen Maye auf der Isle of Man) gesprochen haben soll. Die Familie Irving, die den Hof besaß, bestand aus dem Ehepaar und einer 13-jährigen Tochter namens Vorrey. Gef, so der Name des Mungos, wurde für eine Vielzahl von Geräuschen verantwortlich gemacht, darunter „ein schriller Schrei", der bei zahlreichen Gelegenheiten zu hören war. Es wurde weiter berichtet, dass der Mungo die Fähigkeit zu sprechen entwickelt haben soll. Jim Irving (der Vater) führte ein Tagebuch über die Aktivitäten und Gespräche, die er mit Gef geführt hatte, inklusive der Darbietung des Liedes „Home on the Range". Vorrey, die als einzige Person in der Lage war, einen flüchtigen Blick auf Gef zu werfen, behauptete, dass er ihr gesagt hätte, er wäre 1852 in Neu Delhi (Indien) in geboren. Sie schaffte es, dieses eher verschwommene Bild von Gef zu machen, und einige Haare aus seinem Fell und einige Fußabdrücke wurden zur Analyse geschickt.
Es stellte sich heraus, dass die Haare vom Hund der Familie stammten. Das Natural History Museum in London erklärte überdies die Pfoten- und Zahnabdrücke für unglaubwürdig. Als Gefs Aktivitäten und seine Sprache immer unverschämter wurden, gaben die Ermittler aufgrund des Mangels an harten Beweisen ihre Untersuchungen auf und Gef geriet in Vergessenheit. Mehr als einer von ihnen hatte das Gefühl, dass Vorrey hinter diesem Phänomen steckte, und ausnahmsweise sollten wir uns ihrer Meinung anschließen.

„Gef, so der Name des Mungos, wurde für eine Vielzahl von Geräuschen verantwortlich gemacht, darunter ‚ein schriller Schrei'."

family with whom the creature lived, it gave direct answers to questions and made spontaneous comments – some of them quite witty and knowledgeable.

The animal haunted a place called Doarlish Cashen, an isolated farmstead perched over 700 feet (215 metres) up on the west coast of the island. It was a cheerless terrain without trees or shrubs. Even the nearest neighbours were out of view, over a mile (1.6 kilometres) away. Ordinarily there would be little to attract anyone to Doarlish Cashen. But, in September 1931, the rumours of the talking weasel sent the journalists scrambling up the forbidding hill to meet the Irving family who lived at the farm.

A rare picture of Gef, the talking mongoose – centre of a media sensation in the early 1930s. Usually Gef would not show himself even to the family with whom he lived – or whom he haunted – on the Isle of Man. But, so the family said, he allowed this photograph to be taken by Voirrey Irving, the daughter of the house. The wonderful talking animal, often witty and as often insulting, managed to elude all his many investigators

ling feature – two magnetic eyes that haunt the visitor with their almost uncanny power'. It was all too easy to draw the conclusion that Margaret Irving was the dominant personality in the household.

The Irvings' daughter Voirrey was 13 but old for her years. She seemed a reserved and undemonstrative child, hardly a scholar but obviously intelligent. And she took an intelligent and eager interest in anything to do with animals, reading any article or book she could get that dealt with them. By contrast, she was also fascinated by mechanical devices such as motor cars, aeroplanes and cameras.

Voirrey's knowledge of animals was not just theoretical but also practical. She was

The mongoose that talked

Stegosaurus

Was macht dieses Stein-Relief, das sich in dem 800 Jahre alten Dschungeltempel von Ta Prohm findet – erbaut in der Zeit der Khmer-Kultur in Kambodscha? In einem Reiseführer von Claude Jacques und Michael Freeman fand diese Arbeit erstmals Beachtung:

> *„Zwischen den vertikalen Ornamentstreifen in der Ecke zwischen der Südwand der Vorhalle und der Ostwand des Hauptraktes des Gopurams findet sich sogar eine sehr überzeugende Darstellung eines Stegosaurus."*

Wie fand der Steinmetz seine Inspiration? Ein Stegosaurus dürfte vor 800 Jahren in Kambodscha wohl kaum herumspaziert sein. Wenn ein Skelett entdeckt worden wäre, hätte man in der gleichen Weise, wie es bei modernen Interpretationen der Fall ist, Vermutungen anstellen können. Aber warum gibt es nur dieses eine Beispiel, und warum wurden keine Stegosaurier-Skelette in Asien gefunden?
Der pflanzenfressende Stegosaurus erreichte durchschnittlich eine Länge von 9 m, war 4 m groß, und ist dank der Doppelreihe von drachenförmigen Platten, die vertikal entlang des abgerundeten Rückens aufsteigen, und den beiden Paaren von langen Stacheln, die horizontal das Ende des Schwanzes verlängern, leicht zu identifizieren. Einige der Proportionen dieses Stein-Reliefs variieren bezüglich dem, was Paläontologen durch die Analyse der Fossilien verifiziert haben. Der Kopf zum Beispiel ist zu groß, und dem Schwanz fehlen die charakteristischen Stacheln. Skeptiker haben vermutet, es könnte sich um die Darstellung eines Nashorns oder Wildschweins handeln, und die Platten stellten die Vegetation im Hintergrund dar. Sogar ein Chamäleon wurde als Identifikationsmöglichkeit ins Spiel gebracht. Die Frage indes bleibt: Könnte ein Stegosaurus den Dschungel von Kambodscha wirklich durchstreift haben?

„Skeptiker haben vermutet, es könnte sich um die Darstellung eines Nashorns handeln."

Kasai-Rex

Das Kasai-Tal ist ein Gebiet im Kongo, von dem vermutet wird, dass hier im Jahre 1932 ein schwedischer Plantagenbesitzer mit Namen John Johnson (manchmal Johanson geschrieben) sowie sein Diener auf einer Reise auf ein Nashorn stießen. Bei dem Versuch, es unentdeckt zu passieren (oder als es erschossen war, je nachdem, welche Version Sie glauben), sollen sie von einem großen Tier überrascht worden sein, das aus dem Unterholz hervorbrach und sie attackierte. Das Raubtier wurde beschrieben als:

> *„rötlich, mit schwarz-bunten Streifen … es hatte eine lange Schnauze und zahlreiche Zähne."*

Johnson schätzte, dass die Kreatur etwa 13 m lang und ein Tyrannosaurus-Rex gewesen sein könnte (er hatte wohl noch nichts von dem wissenschaftlich umstrittenen Tarbosaurus gehört, der ähnlich ausgesehen haben soll). Ein ähnlich klingender Bericht wurde im selben Jahr im *Rhodesia Herald* veröffentlicht.

> „Sie sollen von einem großen Tier überrascht worden sein, das aus dem Unterholz hervorbrach und sie attackierte."

Beide Darstellungen aber enthalten Ungenauigkeiten, die von so manchem übersehen wurden; dazu gehören der Mangel an entsprechenden Beobachtungen durch Einheimische oder Berichte über fossile Überreste. Aber was ist mit den Fotos? Das „Bindenwaran"-Foto (links) scheint eine Bildmontage zu sein, sichtbar durch den weißen Rahmen um das „Reptil". Es ist deshalb schwierig, an die Echtheit der anderen Fotos zu glauben. Die Szene könnte vielleicht mit Kinderspielzeug nachgebaut worden sein. Entscheiden Sie selbst!

Mokele-Mbembe

Der Mokele-Mbembe ist ein großer, im Wasser lebender Kryptid, der das Kongobecken bewohnt. Er wird als mindestens so groß wie ein Elefant beschrieben, habe aber einen langen, beweglichen Hals und Schwanz. Die amphibische Natur des Mokele-Mbembe bedingt, dass er im oder am Wasser lebt. Obwohl er ein Pflanzenfresser ist, gibt es Behauptungen, denen zufolge er Nilpferde und Krokodile getötet und mit seinem Schwanz sogar einige Kanus umgedreht haben soll. Die Geschichte der Beobachtungen und Berichte zu diesem Geschöpf, dessen Name „einer, der den Lauf der Flüsse stoppt", bedeutet, reicht bis ins Jahr 1776 zurück, als der Geistliche Lievain Bonaventure schrieb:

> *„… es muss monströs gewesen sein: die Spuren der Krallen gruben sich in den Boden und hinterließen einen Abdruck von etwa 1 m Durchmesser."*

Die Beschreibungen des Mokele-Mbembe variieren, aber manche Vermutungen legen eine Ähnlichkeit mit einem Sauropoden nahe.

Das Tier erhielt seinen Namen von Lingala sprechenden Pygmäen aus dem Likouala-Sumpf im Kongo im Jahre 1913. Die Suche nach der mysteriösen Kreatur reicht bis ins 21. Jahrhundert, führte bisher aber zu den immer gleichen frustrierenden Ergebnissen …
Könnte es, wie der Biologe Roy Mackal behauptet, ein „Sauropode" sein? Andere Möglichkeiten wären, dass es ein riesiger Waran oder sogar Leguan sein könnte; genauso könnte ein Afrikanischer Elefant, schwimmend mit erhobenem Rüssel, solche Verwechslungen auslösen. Vielleicht sollte man dem Kryptozoologen Karl Shuker das letzte Wort überlassen:

> *„Falls Dinosaurier irgendwo in der Welt von der Wissenschaft unerkannt leben könnten, dann wäre es Likouala."*

Emela-Ntouka

Der Emela-Ntouka bzw. „Elefantentöter“ oder „Wasserelefant“ lebt angeblich im Gebiet der Sümpfe von Zentralafrika und ähnelt einem sehr großen, einhörnigen Nashorn, hat aber einen sehr langen, schweren Schwanz. Sein Name gibt zu Irritationen Anlass, seit bekannt ist, dass die Eingeborenen behaupten, dass er ein Pflanzenfresser sei, aber wild wird, dringt man in sein Territorium ein. Es gibt eine Reihe von Behauptungen über Beobachtungen und Tötungen, aber weder lebende noch tote Vertreter dieser Spezies wurden bisher entdeckt.

Kryptozoologen gefällt die Vorstellung, dass es ein vermeintlich ausgestorbener Dinosaurier, ein Ceratopsian oder eine gehörnte Art sein könnte. Als Hauptanwärter gilt, anstatt des Styracosaurus mit seinem üppigen Kragen oder des beliebten dreihörnigen Triceratops, auf die nicht näher eingegangen worden ist, der Monoclonius mit seinem Einzelhorn. Die Dinosaurier-Theorie wird dadurch in Frage gestellt, dass Fossilien dieser bestimmten Spezies in dieser Region nie gefunden wurden. Im Allgemeinen wird angenommen, dass es sich eher um ein Säugetier als um einen eierlegenden Dinosaurier handelt. Loren Coleman, ein Experte in solchen Fragen, hat angeregt, davon auszugehen, dass es sich um eine neue Art von Nashorn handeln könnte, was aber auf Widerspruch stößt, vor allem wegen der unterschiedlichen Schwänze. Von dieser entfernten und unwirtlichen Region wird berichtet, dass sie die Aussicht am Leben erhält, dass ein unerschütterlicher Forscher vielleicht eine neue Tierart entdecken könnte. Denken Sie daran, Beweise mitzubringen, falls Sie derjenige sein sollten, der dieses Tier findet.

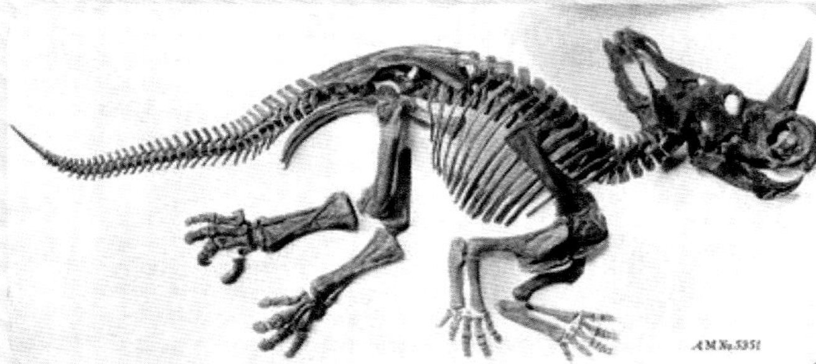

Vom Emela-Ntouka wird behauptet, dass er die Größe eines Afrikanischen Elefanten und eine ähnliche Form bzw. ein ähnliches Aussehen wie ein Nashorn habe; unter anderem hätte er ein langes Horn auf der Schnauze. Möglicherweise ist er mit dem Centrosaurus verwandt, von dem wir hier ein fast vollständiges Skelett sehen.

Das Mammut

Im Jahre 1901 gab der Fluss Berezovka, mitten im Polarkreis, ein gefrorenes Mammut frei, das so gut erhalten war, dass sogar unverdaute Nahrung im Magen gefunden wurde. Kein Einzelfall: Im Jahre 1977 wurde ein vollständig erhaltenes Mammutbaby in der russischen Region Jakutsk gefunden. Die am besten erhaltenen Tiere wurden in den eisigen Weiten Sibiriens entdeckt, einschließlich des hier abgebildeten, das im 19. Jahrhundert gefunden und in St. Petersburg ausgestellt wurde. Es könnte sein, dass eine kleine Anzahl Mammuts, die vor 150.000 bis 10.000 Jahren lebten, länger überlebt haben, als bisher angenommen wurde. Im Allgemeinen wird davon ausgegangen, dass Mammuts aufgrund der Folgen des Klimawandels und der exzessiven Jagd durch die wachsende Zahl von Menschen ausstarben. Mammuts erreichten eine Körpergröße von 4 m, mit Stoßzähnen 5 m, die für eine Vielzahl von Tätigkeiten, inklusive Schneeräumung und dem Graben nach Nahrung, verwendet wurden. Ihr Gewicht wird auf bis zu acht Tonnen geschätzt.

Wissenschaftler haben seit der ersten Arbeit von Hans Sloane über Mammuts (*Mammuthus primigenius*) im 18. Jahrhundert viel gelernt. Man hat in den letzten 100 Jahren mehrere dieser bemerkenswerten Lebewesen in sehr gut erhaltenem Zustand gefunden. Bereits 1796 kam Georges Cuvier zu der Auffassung, das Tier sei eine neue Spezies und kein Elefant. Könnten Herden dieser Tiere noch immer in abgelegenen Regionen existieren? Hier und da hat es Behauptungen gegeben, sie streiften durch die dünnbesiedelte Tundra und den Schnee der nördlichen Hemisphäre; dafür aber gibt es bisher keinerlei wissenschaftliche Beweise.

„Im Allgemeinen wird davon ausgegangen, dass Mammuts aufgrund der Folgen des Klimawandels und der exzessiven Jagd ausstarben."

NICHT VON DIESER WELT

Dieses Kapitel erfordert wohl das größtmögliche Maß an geistiger Flexibilität, und wahrscheinlich und tatsächlich dürfte Ihre „Schauder"-Schwelle strapaziert werden. Es ist unwahrscheinlich, dass das, was auf den Bildern zu sehen ist, authentisch ist, zumindest aber die Fotografien selbst scheinen es zu sein. Aliens können sich medialer Aufmerksamkeit immer sicher sein; in der Regel verlassen sie ihre fliegenden Untertassen, entführen ein paar arme Seelen für einige ziemlich erniedrigende oder unangenehme Behandlungen und verziehen sich dann dorthin, woher sie gekommen sind. Es war deshalb besonders erfreulich zu entdecken, was 2004 in Chile, 2008 in Argentinien und 1987 im Ilkley-Moor in England auf Fotos festgehalten wurde; diese zeigen, dass Aliens, genau wie wir, in allen Körperformen und Größen vorkommen und dass sie nicht unbedingt alle kleine grüne Männchen sind. Wie Sie sehen werden, könnte das chilenische Foto einen Elben zeigen und das argentinische einen Gnom; das englische Foto (übrigens von einem Polizisten geschossen) bringt uns zurück in die Welt der kleinen grünen Männchen. Nicht eines dieser Bilder bietet einen Nachweis für Alien-Aktivitäten auf der Erde, aber sie sind außergewöhnlich und regen zum Nachdenken darüber an, was sie wirklich zeigen könnten. Damit offenbaren und erzählen sie uns auch etwas über unsere eigenen gedanklichen Prozesse. Gleichermaßen könnten Sie die außerirdischen „Würmerklumpen" aus wissenschaftlicher Sicht interessieren. Der Anblick dieser schleimigen Masse von lebenden Organismen, die sich in unseren Abwasserkanälen findet, könnte bei Ihnen aber auch Entsetzen auslösen. Wann werden sie durch unsere Toilette quellen, einer Horrorfilmszene gleich?

Der Inselstaat Haiti war Schauplatz eines grässlichen Fundes von einigen Reliquien der „Teufelsmänner" des ausgestorbenen Juju-Stammes im Jahre 1740. Ungeachtet einiger widersprüchlicher Indizien glaube ich persönlich oder vielmehr hoffe ich, dass diese grausigen Funde von Menschen geschaffen worden sind. Das Gleiche gilt für die Bilder, die Meeresjungfrauen darstellen sollen. Nein, nicht die verlockenden, halbnackten Damen, die als künstlerische Hervorbringungen auf der ganzen Welt gezeigt werden, sondern jene von Menschen geschaffenen Gegenstände, bei denen Trockenfisch, Haare und Affenköpfe zusammendrapiert werden. Wenn wir gerade beim Thema Meerjungfrauen sind: Eine so genannte „Feejee"-Meerjungfrau, so wird kolportiert, wurde in den 1940er Jahren in New York ausgestellt. Es war zweifelsohne eine Fälschung; das aktuelle Beispiel, das im Folgenden abgebildet ist, ist ein Modell, das für das Internationale Museum für Kryptozoologie in Portland (Main, USA) erstellt worden ist. Ich wundere mich, wie viele Menschen vergessen, dass es sich nur um ein Modell handelt. Es stellt sich hier die Frage, wie viele Schwindeleien der Vergangenheit im Laufe der Zeit zu glaubwürdigen Beobachtungen mutierten.
Den Abschluss dieser Reihe bilden die Bilder des berüchtigten Chupacabra („Ziegen-Aussauger"), der in Puerto Rico und anderswo aufgetreten sein soll. Die Macht des Internets, Wissen zu verbreiten, und zwar wahres und falsches, zeigt sich hier einmal mehr, da die Bilder fast sicher von einem Modell oder von einer am Computer generierten Kreatur stammen, kombiniert mit einem Tier, das an Räude verstarb. Natürlich könnten wir mit all dem aber auch falschliegen ...

Das Geheimnis des Montauk-Monsters

Die verfügbaren Informationen über diese bemerkenswerte Entdeckung sind widersprüchlich und frustrierend. Es gibt hier nichts Neues! Der renommierte Kryptozoologe Loren Coleman entdeckte dieses Bild auf der Manhattaner Webseite *Gawker* am 29. Juli 2008. Angeblich ist es eine Art von „Nagetier mit einer Dinosaurier-Schnauze", das am Strand von Montauk (Long Island, New York, USA) gefunden wurde. Zwei der Fotografen, die hier hervortraten, nämlich die New Yorkerinnen Jenna Hewitt und Christina Pampalone, behaupteten, mehrere Fotos aus verschiedenen Blickwinkeln gemacht zu haben. Ihre Fotos zeigen ein Tier von ca. einem Meter Länge mit einer „Dinosaurier-Schnauze", was indes auch ein Indiz für eine Deformation sein könnte, die durch einen Maulkorb verursacht wurde. Mutmaßungen, es handle sich hier um einen Schwindel, einen Alien, ein Tierexperiment oder um einen halbverwesten Waschbären, hätten leicht verifiziert oder widerlegt werden können, wäre der Kadaver nicht plötzlich und auf mysteriöse Art verschwunden.

Nach der ersten Entdeckung ist ein neues Monster beim Hotel Gurney's Inn in Montauk am Samstag, den 4. Juli 2009, angespült worden, das noch grausiger als das erste war und zudem scheußlich roch. Im September desselben Jahres wurde in Panama angeblich ein anderes Exemplar nachweislich totgeschlagen; allerdings hatte es kaum Ähnlichkeit mit der Montauk-Spezies. Um was für ein Tier handelt es sich hier? Ohne detaillierte Obduktion durch einen Zoologen kann diese Frage unmöglich beantwortet werden. Falls es nicht einfach ein raffiniert konstruiertes Requisit ist, dann könnte man aufgrund der Form der Zähne irgendeine Art von Raubtier vermuten. Argumente dafür, dass es ein verwester Waschbär oder sogar ein Haustier sein könnte, erscheinen plausibel. Vielleicht aber, aber auch nur vielleicht, haben wir hier wirklich einen Alien in unserer Mitte …

> „Es war noch grausiger als das erste und roch zudem scheußlich."

Ein Alien?

Der Schauplatz dieser Szene ist der Forest Park in Santiago (Chile) am 10. Mai 2004. Der Zivilingenieur Germán Pereira machte etwa zehn Fotos von dieser Szene, die zwei berittene Carabiñeros (Polizisten) zeigt, die ungefähr 20 m entfernt waren. Er benutzte ein Zoomobjektiv, daher die Unschärfe. Als er seine Schnappschüsse später betrachtete, bemerkte er etwas, das hinter den Carabiñeros den Weg kreuzte. Weder erkannte er es wieder, noch erinnerte er sich daran, es zu diesem Zeitpunkt gesehen zu haben. Er sandte eine Kopie an die Corporaçion de Investigaçion de Fenomenos Aeros (eine UFO-Forschungsgruppe aus Chile), die es als eine Alien-Beobachtung klassifizierte. Pereira besteht darauf, dass sein Foto kein Schwindel sei und er etwas Ungewöhnliches auf Film eingefangen habe. Im Hinblick auf die Bestimmung der Natur dieses Wesens überlässt er es anderen zu entscheiden.

Wenn wir, der Diskussion zuliebe, die Möglichkeit einer Fälschung einmal ignorieren, was bleibt uns dann? Es sieht sicherlich wie eine Art von zweibeiniger Kreatur aus und schaut nicht, obwohl die Perspektive hier eine Klärung schwierig macht, wie ein Kind aus. Könnte es ein Fall von digitaler Manipulation sein, oder ist es ein einzigartiges Bild von einem Alien, der im Forest Park spazieren geht? Es ist an Ihnen zu entscheiden!

„Weder erkannte er es wieder, noch erinnerte er sich daran, zu dieser Zeit einen Alien gesehen zu haben.“

„Weder erkannte er es wieder, noch erinnerte er sich daran, zu dieser Zeit einen Alien gesehen zu haben.“

Clahuchu und seine Braut

Im Jahre 1917 arbeiteten Dr. Henry Garfit und seine Ausgrabungsgruppe, bestehend aus haitianischen Eingeborenen, gerade an einem der ältesten Abschnitte einer Grabstätte in Haiti, als die Arbeiter den Ort schlagartig verließen. Dr. Garfit versuchte der Ursache ihres Erschreckens auf den Grund zu gehen; er war der Erste, der den Fund sah, der dann „Teufels-Baby" getauft wurde. Die Arbeiten wurden daraufhin umgehend abgebrochen, und Dr. Garfit meldete seine Entdeckung den Militärbehörden. Als sie den Ort erreichten, um den Fund zu bergen, war er allerdings nicht mehr auffindbar. Dr. Garfit beschloss schließlich, nach Hause zu fliegen; seine Maschine aber stürzte auf dem Weg in die USA über dem Meer ab.
Im Jahre 1952 wurden diese Kreaturen in einem Voodoo-Tempel in einer katholischen Kirche auf Haiti wiederentdeckt. Der Fund wurde vor dem Scheiterhaufen durch Pater Alaux gerettet, der 1991 auf mysteriöse Weise ums Leben kam. Die Kreaturen seien, wie weithin behauptet wird, die letzten Vertreter des untergegangenen Juju-Stammes der „Teufelsmänner" – einem nigerianischen Stamm der Yoruba-Kultur, von der man sagt, dass sie 600 Götter habe, die auch Dämonen seien. Der Aussteller behauptet, Röntgenstrahlen hätten gezeigt, dass Haut, Hörner und Hufe menschlich wären. Viele Legenden, Todesfälle und das Verschwinden mehrerer Menschen werden diesen Artefakten zugeschrieben und mit Voodoo-Praktiken in Verbindung gebracht.
Die Meinungen darüber, ob Clahuchu und seine Braut einfach eine Laune der Natur oder die Reste eines ausgestorbenen Stammes sind, gehen auseinander. Ihr aktueller Aufenthaltsort ist nicht bekannt – ihr letzter bekannter Besitzer starb bei einem Autounfall, als seine Bremsen versagten …

„Die Kreaturen seien, so wird weithin behauptet, die letzten Vertreter des Juju-Stammes der ‚Teufelsmänner'."

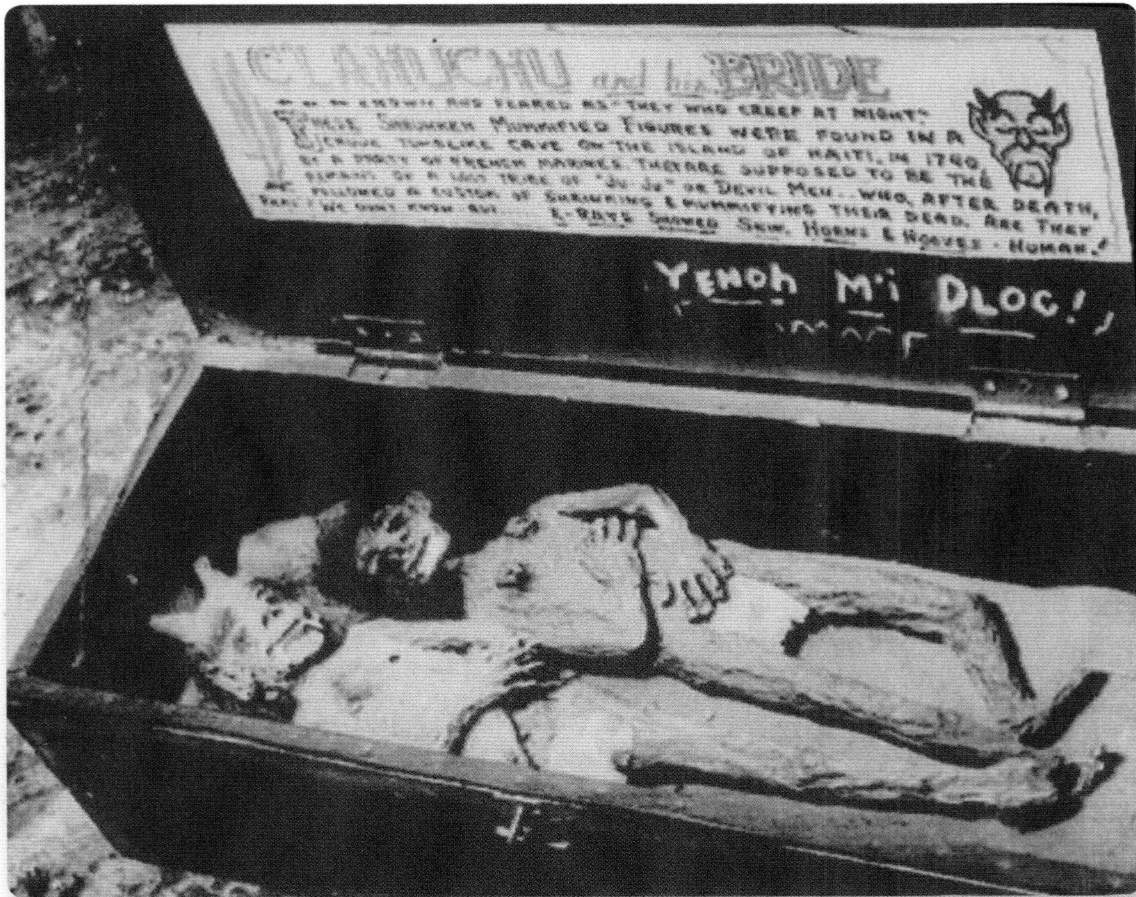
CLAHUCHU and his BRIDE
KNOWN AND FEARED AS "THEY WHO CREEP AT NIGHT"
THESE SHRUNKEN MUMMIFIED FIGURES WERE FOUND IN A
TOMBLIKE CAVE ON THE ISLAND OF HAITI
SUPPOSED TO BE THE
OR DEVIL MEN... WHO, AFTER DEATH,
SHRINKING & MUMMIFYING THEIR DEAD. ARE THEY
X-RAYS SHOWED SKIN, HORNS & HOOVES - HUMAN!
YEHOH M'I DLOC!

Yorkshire-Alien

Am frühen Morgen des 1. Dezembers 1987 machte ein Mann in der Nähe der Stadt Ilkley (West Yorkshire, England) Landschaftsbilder vom Moor um White Wells. Er behauptete:

> *„Etwas kam in mein Blickfeld … etwa 6 m entfernt sah ich, was ich nur als eine kleine grüne Kreatur beschreiben kann, die sich schnell entfernte … [ich] schrie, ‚Hey'. Als es ungefähr 12–15 m entfernt war, drehte es sich um und schien mir zuzuwinken. Ich hob schnell die Kamera und machte ein Foto … [dann sah er] ein großes Objekt, das zwei silbernen Untertassen glich, die zusammenkleben, … [das] direkt in die Wolken schoss."*

Aus unerfindlichen Gründen schaffte er es nicht, die „Untertassen" zu fotografieren, nahm aber dieses einzelne Bild auf. Unter Hypnose wurde offenbar, dass er keine Erinnerung an einen bestimmten Zeitabschnitt dieses Tages hatte, was für einige darauf hindeutet, dass er möglicherweise entführt worden sein könnte.
Nach Prüfung des Negativs fanden Forscher heraus, dass es Anzeichen von Unterbelichtung zeigte. Fotografen glaubten, dass die Figur über das Hintergrundbild des Moores überblendet worden sein könnte. Die Frau des Fotografen erklärte später (nach der Scheidung), dass er die Kreatur aus Maschendraht gemacht hätte, um die Untersuchung irrezuführen. Er bestritt dies. Ob der Alien vom Ilkley-Moor Tatsache oder Fiktion ist, entscheiden Sie. Möglicherweise hält es für diese Kreatur ja für angezeigt, sich noch einmal blicken zu lassen, um die Behauptungen des Fotografen bezüglich außerirdischen Lebens im ländlichen England zu bestätigen …

„Ich sah, was ich nur als kleine, grüne Kreatur beschreiben kann, die sich schnell entfernte."

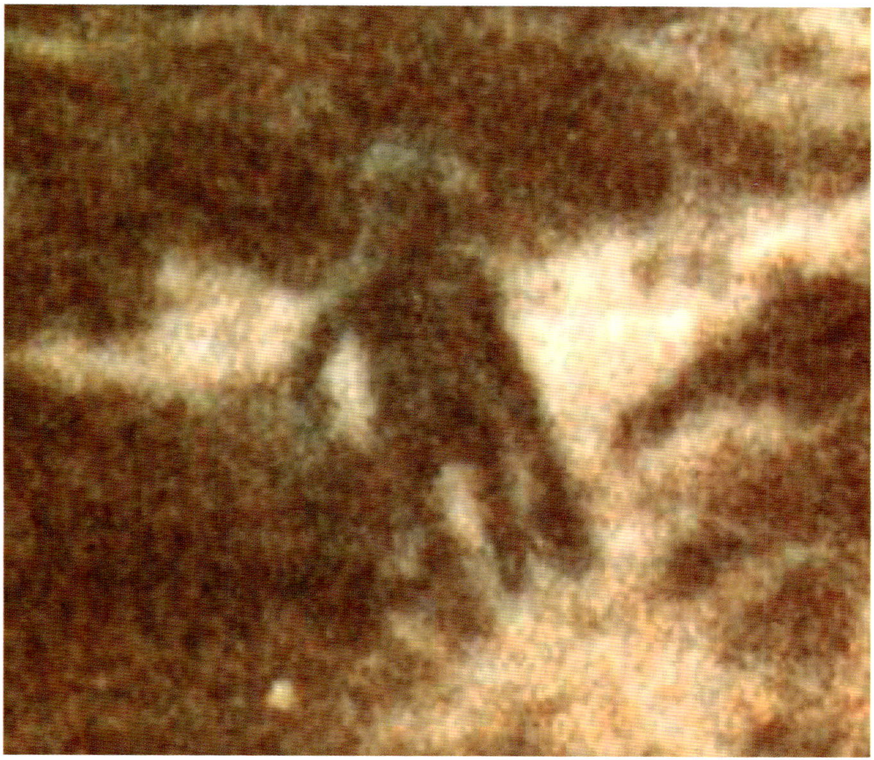

Verwechslungen

Anja und Chris Prigg hatten den Morgen damit verbracht, auf den Märkten in Hope Island an Australiens Goldküste einzukaufen. Das neuseeländische Ehepaar, das sich auf Urlaub befand, war schockiert, als es in einem Binnenkanal etwas erblickte, das wie ein schwimmendes Krokodil aussah. Ihre Aufmerksamkeit wurde durch einen Schwarm Enten, der offensichtlich gestört wurde, auf das Wasser gelenkt; dann gelang ihnen ein Schnappschuss dieses Raubtieres.

Das Paar übergab seine Aufnahmen dem *Gold Coast Bulletin*, aber die Behörden taten die Behauptungen des Paars schnell als Überspanntheit ab und erklärten, dass sie zu „99 Prozent sicher" wären, dass das Bild kein Krokodil zeige. Um diese Meinung zu erhärten, wurden die Fotografien an die örtliche Presse geschickt, die das Bild zusammen mit einem Bild von einem wirklichen Krokodil veröffentlichte. Der erfahrene Queensland-Krokodilpfleger Bob Irwin sagte, dass das angebliche Krokodil der Priggs „wohl nur ein Baumstamm gewesen war". Die letzte Beobachtung eines Krokodils an der Goldküste fand 1903 statt, als ein 3-Meter-Exemplar im Logan River erschossen wurde. Irvin fuhr fort:

> *„Es gibt absolut keine Vegetation und nichts, um sich zu verstecken. Krokodile sind sehr zurückhaltend, sie brauchen Vegetation und einen Platz, um sich zu sonnen. Sie sind überdies nachtaktiv und kommen nur nachts zum Fressen heraus, sodass eine Jagd auf Enten in der Mitte des Tages sehr unwahrscheinlich ist."*

Haben wir es hier also mit einem gruseligen Krokodil zu tun, das unerwartet in Erscheinung getreten ist, oder mit einem treibenden Baumstamm? Entscheiden Sie selbst.

„Ihre Aufmerksamkeit wurde durch einen Schwarm Enten, der offensichtlich gestört wurde, auf das Wasser gelenkt."

Ein Krokodil oder nicht? Zwei dieser Bilder wurden von Anja und Chris Prigg gemacht. Das dritte (unten rechts) wurde von den lokalen Behörden als Beweis dafür veröffentlicht, dass das, was die Priggs gesehen haben, kein Krokodil gewesen war, weil ein echtes so aussähe. Überzeugt Sie das?

Mongolische Todeswürmer

Allghoi Khorkhoi, der Mongolische Todeswurm, ist ein Kryptid, der angeblich in der Wüste Gobi lebt. Er soll einem Kuhdarm ähneln, hellrot gefärbt sein und wird manchmal mit dunkleren Stellen und Flecken und mit spitzen Verlängerungen an beiden Enden beschrieben. Der dickliche, kräftige Wurm ist angeblich 0,5 bis 1,5 m lang und in der Lage, einen Menschen aus der Entfernung zu töten, sei es durch Besprühen mit einer säureähnlichen Substanz oder durch Erzeugung einer elektrischen Entladung. Die Mongolen sagen, dass der Wurm, der unter der Erde lebt und nur nach dem Winterschlaf im Juni und Juli herauskommt, durch die Farbe Gelb angezogen wird. Es konnte niemals ein Beweis für seine Existenz gefunden werden, und einige Wissenschaftler glauben, dass er ein Verwandter des Bobbit-Wurms ist.

Obwohl Eingeborene lange Geschichten über den Allghoi Khorkhoi erzählen, wurde man auf diese Kreatur im Westen erst 1926, infolge des Buches „Auf der Fährte des Urmenschen" von Professor Roy Chapman Andrews, zum ersten Mal wirklich aufmerksam. Der amerikanische Paläontologe war von den Geschichten über das Monster nicht überzeugt, von dem er auf einer Versammlung mongolischer Beamter hörte:

„Niemand der Anwesenden hatte das Monster je gesehen, aber sie alle glaubten fest an seine Existenz und beschrieben es genau."

Ein Erklärungsansatz besagt, dass der Mongolische Todeswurm eine Art von an Land lebender Zitteraal sein könnte, ein angepasster Mitläufer, Tausende von Jahre alt, als die Wüste Gobi noch ein Binnenmeer war. Wie dem auch immer sei: Kein bekannter Zitteraal kann Gift absondern. Könnte es sich deshalb um eine Speischlange handeln? Oder um eine Eidechse ohne Beine? Oder einfach um jenen Stoff, aus dem Mythen und Legenden sind?

„Man sagte, dass der Wurm einem Kuhdarm ähnlich sieht, hellrot ist und dunklere Flecken hat, mit spitzen Verlängerungen."

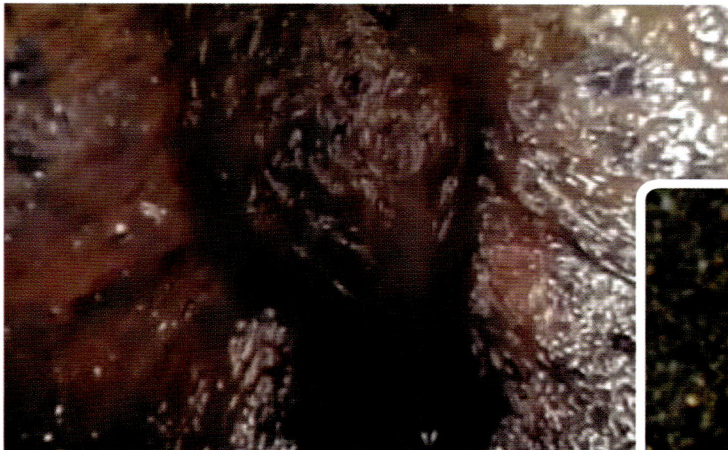

Es gibt keine Beweise – physische, fotografische oder Indizien –, dass der Mongolische Todeswurm existiert. Wissenschaftler glauben, dass er eine enge Verwandtschaft zum Bobbit-Wurm (unten abgebildet) aufweisen dürfte, sollte er jemals entdeckt werden.

Das Foto oben stammt aus einem Video vom Juni 2009, aufgenommen von einem Bautrupp in einer Kanalisation in North Carolina. Es wird berichtet, dass es sich um eine „Kolonie von Würmern" handle, „die wie sackartige Klumpen an Baumwurzeln aufgehängt waren, die in oder um ältere Rohrleitungen wachsen. Diese Würmer-Klumpen sind sehr lichtempfindlich und bewegen sich, fällt auf sie die Helligkeit und Wärme des Kameralichts, alle gemeinsam, was sie wie ein einziger riesiger Organismus erscheinen lässt". Es bleibt zu hoffen, dass sie außer Sicht im Untergrund bleiben.

Ein argentinischer Alien

In einer Nacht Anfang März 2008 hing eine Gruppe von Jugendlichen an einer Straßenecke neben dem örtlichen Friedhof im Viertel San Isidro von General Guemes herum, einer Stadt in der Provinz Salta, im Norden von Argentinien. José Alvarez, ein Mitglied dieser Gruppe, erinnert sich:

> *„Wir unterhielten uns über unseren letzten Angelausflug. Es war ein Uhr morgens. Ich begann mit meinem Handy zu filmen, während die anderen herumalberten. Plötzlich hörten wir etwas – ein komisches Geräusch, als ob jemand mit Steinen wirft. Wir schauten zur Seite und sahen, dass die Büsche sich bewegten. Zunächst dachten wir, es wäre ein Hund, aber als wir diese zwergenhafte Figur auftauchen sahen, waren wir sehr erschrocken. Ich habe sie noch schnell aufgenommen und dann begannen wir alle zu laufen. Das ist kein Witz. Wir haben noch immer Angst, an diesem Ort vorbeizugehen, genau wie die Nachbarn. Einer meiner Freunde war so erschrocken, dass wir ihn ins Spital bringen mussten."*

Das veröffentlichte die *Fortean Times*; es gibt zahlreiche Berichte über ähnliche Kreaturen in Argentinien; die Fragen aber, die diese Meldung offenlässt, sind unzählig. Durch die undefinierbaren „Albernheiten", die einige der Gruppe vollführten, als die Kamera lief, kommen unweigerlich Zweifel auf. Ähnliches gilt für die mysteriösen Umstände bezüglich der Identität des Gruppenmitglieds, das ins Spital gebracht wurde: Weder wissen wir, in welches Krankenhaus er gebracht wurde, noch was mit ihm los war. Wer sind diese Nachbarn, die in Angst leben? Die größte Frage von allen jedoch ist, sofern diese Zeugen derartig viel Angst hatten, wie sie behaupten: Warum liefen sie nicht umgehend vor dieser schrecklichen Kreatur weg?

> „Wir schauten zur Seite und sahen, dass die Büsche sich bewegten."

„Wir schauten zur Seite und sahen, dass die Büsche sich bewegten."

Anthropomorphe Knolle

Das sonderbar aussehende Gemüse wurde in der chinesischen Provinz Shandong an einem Marktstand gekauft. Es ist die Wurzel eines Vielblütigen Knöterichs, der in der chinesischen Medizin weit verbreitet ist, um zahlreiche Beschwerden von chronischer Malaria bis hin zum vorzeitigen Ergrauen der Haare zu behandeln. Skeptiker werden natürlich behaupten, dass die Form mit einem scharfen Messer geschnitzt oder manipuliert wurde, und vielleicht ist das auch der Fall. Allerdings haben Wurzeln mit unterschiedlichen Formen eine lange traditionsreiche Geschichte, vor allem im Fall der giftigen Alraune (*Mandragora officinarum*), die zu den Nachtschattengewächsen gehört und in Süd- und Mitteleuropa sowie im Mittelmeerraum heimisch ist. Die verzweigten Wurzeln der Pflanze ähneln häufig einer menschlichen Figur, wie man weiß. Es geht die Rede, dass sie schreit, wenn man sie aus dem Boden zieht; daher wird empfohlen, sie von einem Hund aus der Erde zerren zu lassen, um einen Fluch zu vermeiden. Ihre betäubende Wirkung und ihre anderen medizinischen bzw. magischen Qualitäten werden mit Hexerei in Verbindung gebracht. Im Jahre 1630 wurden drei Frauen in Hamburg wegen Besitzes der Alraune hingerichtet.

Ob dieses Beispiel ein Naturphänomen ist oder die Arbeit eines Bildhauers, darauf bedacht, die aphrodisierenden Wirkungen der Alraune zu betonen, werden wir nie wissen können, aber es ruft sicherlich Diskussionen hervor!

> „Wurzeln mit menschlichen Formen haben eine lange traditionsreiche Geschichte."

Meervolk oder Trugvolk

Es gibt viele angebliche Beobachtungen von Meerjungfrauen, und die Volkskunde ist reich an fragwürdigen Geschichten über sie. Matrosen wurden durch ihre Schönheit in die Tiefen gelockt, genauso wie die Stimmen der mythischen Sirenen ihren Hörern Verderben brachten. Die babylonische Mythologie hatte Gottheiten, die halb Mensch, halb Fisch waren; ebenso gibt es ähnlich aussehende Bilder des Hindu-Gottes Vishnu. Es hat auch tatsächliche Fälle von Verwechslungen gegeben, bei denen Seehunde oder ähnliche Säugetiere – wie die Seekuh – von ahnungslosen Zeugen für Meervolk gehalten wurden. Im Jahre 1961 lobte die Tourismus-Information der Isle of Man sogar einen Preis aus, sollte irgendjemand eine Meerjungfrau in der Irischen See fangen – ohne Erfolg. Ein spektakulärer Fall von Fälschung ereignete sich 1834: R. S. Hawker, der Vikar der Morwenstow Kirche (Cornwall, England), verkleidete sich als Meerjungfrau und schwamm singend an der Küste entlang.

Die Gier nach Geld führt immer wieder zum Aushecken von Fälschungen und das sogar schon im 17. Jahrhundert. Der Zirkuseigentümer P. T. Barnum warb in den 1870er Jahren mit ähnlichen Bildern. Im selben Jahrhundert fabrizierten die Japaner viele Fälschungen mit Hilfe von Affenköpfen, die geschickt mit einem Fisch drapiert wurden. Die Oktoberausgabe 2009 der *Fortean Times* widmete sich dem Thema Meerjungfrauen und enthält sogar einen Artikel (von Alan Friswell) darüber, wie man sich selbst zu einer Meerjungfrau macht – mit verblüffenden Ergebnissen! Für die Bilder hier gilt, dass es zweifellos Fälschungen sind, die vermutlich von den Philippinen stammen. Warum sie jemand geschaffen hat, um sie dann am Strand im Wirbel einer veritablen Naturkatastrophe zurückzulassen, darüber darf jeder selbst rätseln.

„Matrosen wurden durch ihre Schönheit in die Tiefe gelockt.“

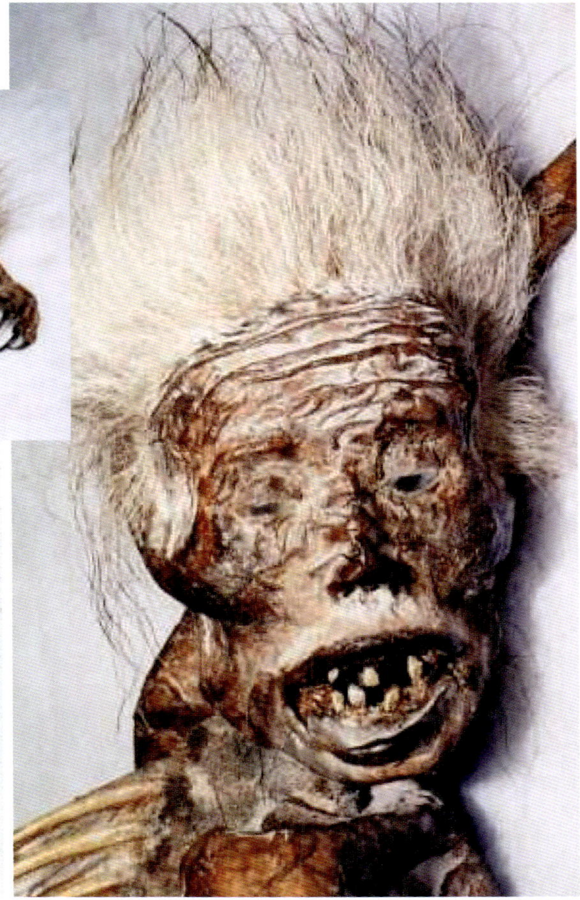

Die „Feejee"-Meerjungfrau

Im Jahre 1842 brachte Levi Lyman, alias „Dr. J. Griffin", ein Mitglied des fingierten „British Lyceum of Natural History", eine angeblich echte Meerjungfrau nach New York City, die, wie er behauptete, in der Nähe der Fidschi-Inseln (manchmal „Feejee" buchstabiert) im Südpazifik gefangen worden war. Die Kreatur wurde von der Presse „beglaubigt". Der zuvor bereits erwähnte P. T. Barnum – ein berühmter amerikanischer Showman und kluger Geschäftsmann, der Unsummen von Geld mit der Bewerbung von Schwindeleien machte – zeigte großes Interesse. Was nicht weiter verwunderlich ist, da Lyman heimlich für ihn arbeitete.
Sie wurde schließlich am Broadway gezeigt, begleitet von regem Interesse und Meinungsverschiedenheiten über die Echtheit. Das Publikum, das kam, um die Meerjungfrau zu sehen, erwartete eine schöne junge Frau, stattdessen aber empfing sie eine „ausgemachte Inkarnation von Hässlichkeit … [mit] dem verdorrten Körper eines Affen und dem getrockneten Schwanz eines Fisches".
Später sickerte durch, dass das Modell von einem Bostoner Schauspieler, Moses Kimball, ausgeborgt worden war, der es möglicherweise 1810 von einem japanischen Fischer erworben hatte. Obwohl es das Original schon lange nicht mehr gibt – es wurde vermutlich durch einen Brand in Barnums Museum 1860 zerstört –, ist das Interesse an dem Phänomen Meerjungfrau immer noch sehr lebendig. Das hier abgebildete Objekt wurde von Erik Gosselin, einem Spezialeffekte-Künstler und Bildhauer in Quebec, hergestellt. Es ist im Internationalen Museum für Kryptozoologie in Portland (Main) zu sehen.

„Das Publikum, das kam, um die Meerjungfrau zu sehen, erwartete eine schöne junge Frau."

Chupacabra

Im März 1995 entdeckte man in Puerto Rico die Kadaver von acht Schafen, aus denen das Blut vollständig herausgesaugt worden war. Es folgten weitere Berichte über ähnliche Todesursachen, verbunden mit Schätzungen, dass etwa 150 Tiere auf die gleiche Weise zu Tode gekommen sein könnten. Für ihren Tod wurde ein rätselhaftes Scheusal mit dem Namen „Chupacabra" – auf Deutsch: „Ziegen-Aussauger" – verantwortlich gemacht. Nach Beschreibungen, die sehr voneinander abweichen, soll es grau gefärbt und etwa 1,5 m groß sein; weiter soll es scheußliche Zähne und spindeldürre Extremitäten haben. Die Beobachtungen dieser Kreatur erstrecken sich von 1975 bis auf den heutigen Tag; in den 1990er Jahren wurde eine Reihe von Angriffen gemeldet. Körper von möglichen Missetätern, die entdeckt wurden, deuteten in einigen Fällen darauf hin, dass die Säugetiere Merkmale von schweren Fällen von Räude aufwiesen – einer parasitären Hautkrankheit, die bei Säugetieren zur „Glatzenbildung" führt.

Das Internet hat zur Verbreitung von Wissen über diesen legendären Kryptiden beigetragen, verbunden mit Falschmeldungen und einer allgemeinen Massenhysterie; Dutzende von Internetseiten widmeten sich diesem Phänomen. Skeptiker versuchen einen Zusammenhang mit verwilderten Hunden, Kojoten oder Affen herzustellen. Die bizarren Erklärungen reichen von der Behauptung, die Regierung versuche das Entweichen von Aliens zu vertuschen, bis hin zu okkulten Ritualen! Das hier gezeigte Bild kann im Internet häufig gefunden werden; seine Herkunft indes ist umstritten. Ob dieser Vampir Stoff einer Legende oder ein nicht identifiziertes Lebewesen ist, bleibt abzuwarten. Eines allerdings ist sicher: Der Handel mit Chupacabra-Erinnerungsstücken in Amerika ist ein großes Geschäft.

„Es wurden Kadaver von acht Schafen entdeckt, aus denen das Blut vollständig herausgesaugt worden war."

Diese Bilder wurden im Osten von Texas aufgenommen und sind etwas undeutlich aufgrund des angeblichen Nebels. Das Tier hat hundeähnliche Merkmale und scheint behaart zu sein. Man muss aber bei der Interpretation solcher Fotos vorsichtig sein, die oft eher eine ganz normale Erklärung haben, als dass sie etwas Aufregendes zeigen.

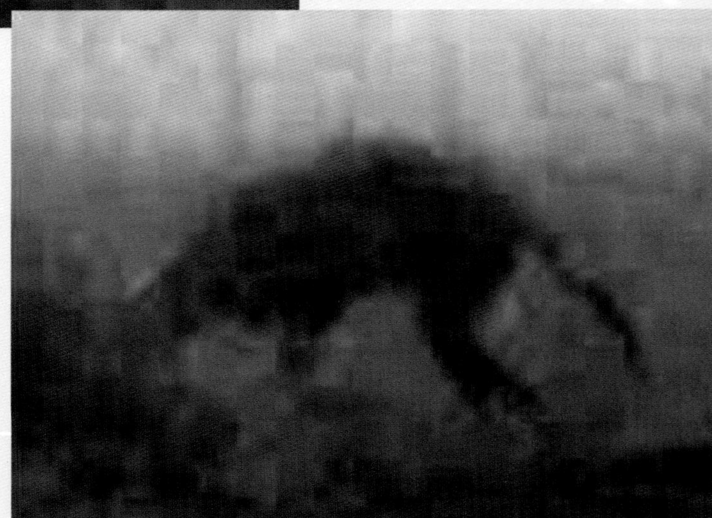

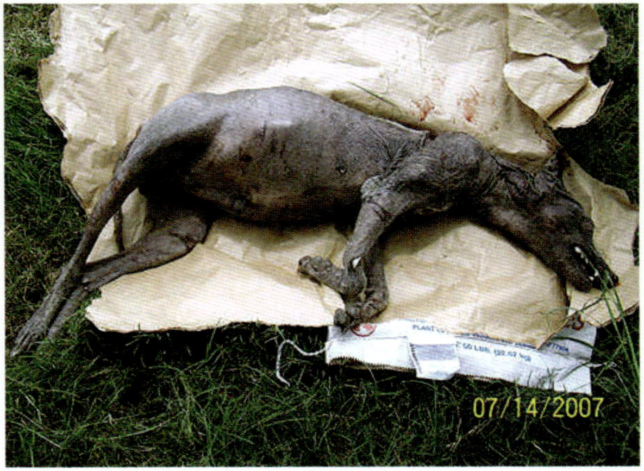

Im Gegensatz zu dem haarigen oder pelzigen Chupacabra sind dies Bilder der „kahlen“ Variante. Diese arme Kreatur wurde im Juli 2007 auf der Buenger Road, abseits vom Highway 183, südlich von Cuero (Texas) von einem Auto angefahren und getötet. Eine gewisse Phylis Canion, die in Cuero wohnt, erklärte, dass sie dieses Tier Jahre zuvor auf ihrem Grundstück gesehen hätte.

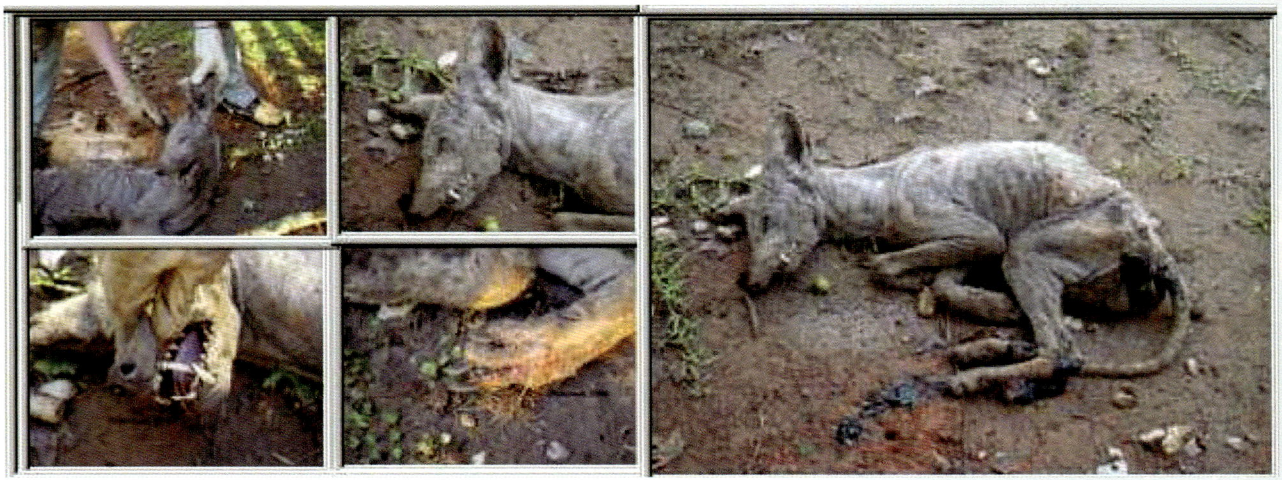

LEBEWESEN, DIE DIE ZEIT VERGASS

Freuen wir uns darüber, dass durch die Bemühungen relativ weniger Wissenschaftler und Kryptozoologen eine Reihe von Arten, von denen man lange annahm, sie seien ausgestorben, entdeckt werden konnte. Im Hinblick auf die eine oder andere Art dürfte verblüffen, vor wie kurzer Zeit sie entdeckt worden sind. In diesem Zusammenhang ist zum Beispiel der Schimpanse (1834), der Riesenkalmar (1857), der Große Panda (1868), das Okapi (1901), der Berggorilla (1902) und in jüngerer Zeit der Riesenmuntjak (1994) zu nennen, zusammen mit über 100 neuen Froscharten seit 2002. Bevor dieses Buch Ihr Regal erreicht, könnte es zu weiteren wichtigen Enthüllungen kommen, die es erlauben, den Begriff „ausgestorben" zu tilgen.

Wenn ein Geschöpf pars pro toto für alle „Auferstehungen" von den vermeintlich Toten stehen müsste, dann wäre dies auf meiner Liste der Quastenflosser. Vor 1937 glaubte man mit aller Entschiedenheit, soweit es die Wissenschaft betraf, dass er ausgestorben ist. Seitdem aber findet er sich immer öfter (wenn auch in geringer Anzahl) in unseren riesigen Ozeanen. Sein Aussehen ist seit vielen Millionen Jahren unverändert. Wenn wir schon bei den Geheimnissen der Meere sind: Der Kragen- oder Schlangenhai ist ein anderer Tiefseefisch, der als ausgestorben galt, im 21. Jahrhundert aber weiter beobachtet wird. Welche weiteren Überraschungen halten unsere Ozeane bereit?

Wenn es bereits schwierig ist, Fische aufgrund der gewaltigen Wassermassen auf der Welt ausfindig zu machen, dann gilt das erst recht für die Erforschung der Lebensräume des Insektenreichs. Eines der Lebewesen – der Kandidaten wären viele gewesen –, das hier angeführt wird, ist die Gracilidris-Ameise, die zur Gattung der Drüsenameise gehört. Sie galt bis zu ihrer Entdeckung im Jahre 2006 seit 15 Millionen Jahren als ausgestorben.

An Land lebende Tiere sind wahrscheinlich am einfachsten zu entdecken, trotz der Dichte einiger Wälder und des Mangels an Erforschung mancher großer Flächen auf einigen Kontinenten. Im Jahre 2000 gab das brasilianische Amazonasgebiet mit dem Auftauchen des Riesenpekaris – einer Art Schwein oder Wildschwein – ein weiteres Geheimnis preis. Der Kubanische Schlitzrüssler ist mit seinem langen dünnen Rüssel und seinem schuppigen Schwanz ein sehr eigenartiges Geschöpf. Bis vor Kurzem glaubte man, er sei ausgestorben, dann aber wurde er im Jahr 2003 wiederentdeckt. Leider Gottes, so scheint es, wurde der „Tasmanische Tiger" (oder Wolf) gejagt, bis er ausstarb; es gibt aber noch Berichte über den Beutelwolf in einigen Regionen Tasmaniens und Australiens.
Schließlich – ich muss erwähnen, einer meiner Favoriten – ist der Komodowaran zu nennen. Zu Beginn des 20. Jahrhunderts war das Phänomen Drachen fest in der Welt der Folklore und Mythologie verwurzelt. Die härtesten Skeptiker hätten nicht geglaubt, dass ein 3 m langer und rund 70 kg schwerer Waran über die Inseln Indonesiens stolziert; genau das aber wurde im Jahr 1910 verifiziert. 1926 wurden zwei lebende Exemplare mit in den Westen zurückgebracht. Bewahren wir uns weiter jenes Maß an Offenheit, das nötig ist, weiterhin nach Beweisen zu suchen, bevor wir im Hinblick auf die Existenz von Leben unter und über Mutter Erde die Türen hinter uns schließen.

Der Quastenflosser

Wäre dieses Buch 1937 publiziert worden, hätte so manches Mitglied der „scientific community“ wohl nur Spott für die Behauptung übrig gehabt, ein Muskelflosser aus der Devon-Zeit, der zur Unterordnung der *Crossopterygii* gehört, die vor ca. 350 Millionen Jahren lebten, könnte gesund und munter in unseren Meeren herumschwimmen. Das Jahr 1938 indes änderte alles, ging doch der Besatzung des Fischdampfers *Nerine* vor der Küste von Kapstadt (Südafrika) im Indischen Ozean ein toter Quastenflosser ins Netz. Er wog etwa 57 kg und war 1,5 m lang. Was folgte, wäre für sich schon ein Buch wert: Kurz gesagt kontaktierte der Kapitän des Schiffes Marjorie Courtney-Latimer, die Kuratorin des East London Museums, die glaubte, dass es sich um einen echten Quastenflosser handle. Er wurde ihr zu Ehren *Latimeria chalumnae* genannt und seine Identität wurde von dem führenden Ichthyologen (Fischkundler) Prof. J. L. B. Smith von der Rhodes University (Grahamtown, Südafrika) endgültig bestätigt. Wegen des verwesten Zustands aufgrund des Fehlens der inneren Organe des Fisches kamen Zweifel im Hinblick auf dessen Identität auf. Deshalb setzte Smith eine Belohnung aus; derjenige, der ein weiteres Exemplar dieser Spezies findet, sollte 100 Britische Pfund erhalten. Im Jahre 1952 besuchte ein britischer Fischer, Eric Hunt, eine von Smiths Vorlesungen in Sansibar (Afrika) und war von dem rätselhaften Geschöpf fasziniert. Er verbreitete die Bedingungen für Smiths Belohnung auf den gesamten Komoren im Indischen Ozean. Ein heimischer Fischer trat mit einem großen Bündel an Hunt heran. Es enthielt einen zackenbarschartigen Fisch, der von den Einheimischen „Gombessa“ genannt wird. Dieser Fisch hielt sich häufig in den Gewässern vor Mosambik auf und wurde an diesem Tag mit einer Handleine gefangen. Hunt salzte den Fisch ein und injizierte ihm Formalin, um die kostbaren inneren Organe zu erhalten. Er machte er sich auf den Weg nach Pamanzi (frz. Überseegebiet Mayotte), um Smith zu treffen, der den Fund als Quastenflosser identifizierte.

„Der Fang war stark verwest und die inneren Organe fehlten.“

Ein Quastenflosser in all seiner Schönheit (links). Hunderte von Exemplaren sind seit der Aufregung um Smiths Untersuchungen gefunden worden (abgebildet im Vordergrund unten, mit dem Fund von 1952). Die Erkenntnisse der letzten zehn Jahre lassen vermuten, dass sich eine zweite Art an der Küste von Indonesien finden könnte. Einheimischen sind diese Fische seit vielen Jahren bekannt. Sie essen sie und benutzen ihre Haut für industrielle und gewerbliche Zwecke, ohne an ihrer wissenschaftlichen Bedeutung interessiert zu sein.

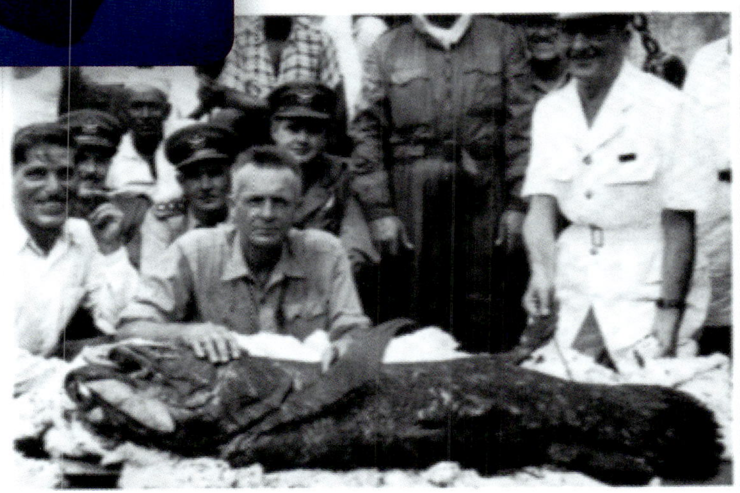

Prähistorische Ameise

Gracilidris pombero ist eine Gattung der Südamerikanischen Drüsenameise, von der man annahm, sie sei ausgestorben. Ihr Name verweist auf ihren schlanken Körper (gracilidris) und auf eine mythologische Nachtfigur aus der Guarani-Tradition (pombero). Wie Sie hier sehen können, haben die Ameisen eine klare Körperform mit großen Augen. Ein versteinertes Exemplar in Bernstein wurde in der Dominikanischen Republik gefunden, das einige Details über das Insekt liefert, aber keine genauen Untersuchungen erlaubt.
Doch im Jahre 2006, als man noch glaubte, sie sei seit etwa 15 Millionen Jahren ausgestorben, wurde die *Gracilidris pombero* wiederentdeckt. Es scheint, dass die menschliche Natur und die Medien die Entdeckung größerer Wesen bevorzugen. Das bedeutet, dass die *Gracilidris pombero* nicht der einzige kleinere Organismus ist, den man finden könnte. Sie mögen wegen ihrer Nachtaktivität schwieriger zu entdecken sein, aber sie sind dennoch ein Teil unserer Geschichte und vor allem unserer Vorgeschichte.

„Im Jahre 2006, als man noch glaubte, sie sei seit etwa 15 Millionen Jahren ausgestorben, wurde die *Gracilidris pombero* wiederentdeckt."

Das Riesenpekari

Das *Pecari maximus* wurde vom niederländischen Naturforscher Marc van Roosmalen im Becken des Rio Aripuana in der südöstlichen Region des Amazonas (Brasilien) im Jahre 2000 entdeckt. Es ist mit den Schweinen, Wildschweinen und Warzenschweinen verwandt, aber größer und schwerer als diese. Dieses Pekari unterscheidet sich auch von anderen Arten, die häufig als Paar gefunden werden und in Kleinfamiliengruppen leben. Wie so oft in derartigen Fällen hat van Roosmalens Behauptung, dass dies eine besondere Art sei, die seit einer Million Jahren existiere, zu Kontroversen geführt.

Die Einheimischen in der Region, in der das Pekari gefunden wurde, waren sich seiner Existenz bewusst, nicht aber seiner Bedeutung für die Wissenschaft. Es gibt keine Berichte, dass dieses Tier Fleischfresser ist oder Menschen angreift. Seine Entdeckung indes wirft die Frage auf: Welche anderen seltsamen Kreaturen könnten da draußen noch zu finden sein, wenn nur die Wissenschaft bereit wäre, teure und schwierige Expeditionen zu finanzieren? Das Pekari ist möglicherweise keine sensationelle, Schlagzeilen machende Entdeckung, führt aber zu der Frage, wie viele andere Kreaturen noch ruhig an verborgenen Plätzen der Erde und in den Tiefen der Ozeane leben und darauf warten, entdeckt zu werden.

„Wie viele andere Kreaturen noch leben ruhig an verborgenen Plätzen der Erde und in den Tiefen der Ozeane vor sich hin und warten darauf, entdeckt zu werden?“

Der Schlitzrüssler

Der Kubanische Schlitzrüssler (*Solenodon cubanus*) ist eine von zwei Schlitzrüsslerarten, die noch immer existieren – der andere ist der Haitianische oder Dominikanische Schlitzrüssler (*Solenodon paradoxus*). Die spitzmausähnliche Kreatur wird von der Nase bis zum Schwanz bis zu 32 cm lang. Er ähnelt einer Wanderratte, hat aber einen langen, schuppigen Schwanz, eine langgestreckte knorpelige Nase, scharfe Zähne und einen giftigen Speichel. Er ist nachtaktiv und verbringt den Großteil der Zeit im Untergrund. Schlitzrüssler ernähren sich von wirbellosen Tieren, Regenwürmern und Insekten, aber auch von Aas und sind die einzigen lebenden Säugetiere, die ihrer Beute durch die Zähne Gift injizieren.

1861 vom deutschen Naturforscher Wilhelm Peters erstmals entdeckt, wurde seit 1999 angenommen, er sei ausgestorben. Im Jahre 2003 indes entdeckte man wieder ein lebendes Exemplar; aufgrund von Jagd und Abholzung ist es nun mit nur 40 lebenden Exemplaren auf die Liste der vom Aussterben bedrohten Tierarten gesetzt. Es ist wenig über ihre Ökologie und die Frage, wie sie überleben, bekannt. Die Erhaltung dieser Art muss jetzt von größter Wichtigkeit sein, gemeinsam mit weiteren Expeditionen zu seiner näheren Erforschung.

„Es hat einen langen, schuppigen Schwanz, eine langgestreckte, knorpelige Nase, scharfe Zähne und einen giftigen Speichel.“

Der Komodowaran

Der *Varanus komodoensis* ist das größte Mitglied der Familie der Warane. Er bewohnt die Inseln Indonesiens, wird bis zu 3 m lang und bis zu 70 kg schwer. Er hat keine Feinde außer den Menschen und kann bis zu 50 Jahre alt werden. Dank seines unglaublich langsamen Stoffwechsels braucht er nur 12 Mahlzeiten pro Jahr. Menschliche Beute ist selten, aber nicht gänzlich ausgeschlossen. Ein Tourist, Baron Rudolf von Reding Biberegg, unterlag 1974 wahrscheinlich in einer Auseinandersetzung, und ein Kind verstarb 2007 an den Folgen seiner Verletzungen nach einem Angriff. Der so genannte Drache wurde in der westlichen Wissenschaft das erste Mal 1910 von einem niederländischen Verwaltungsbeamten, nämlich von Leutnant van Steyn van Hensbroek, bestätigt. Eine Expedition im Jahre 1926, geführt von W. Douglas Burden, kehrte mit zwei lebenden Exemplaren zurück. Gegenüber früheren Skeptikern und den Medien konnte damit der Nachweis ihrer Existenz geführt werden. Sie sind inzwischen eine geschützte Art und eine beliebte Attraktion im Zoo.

Der Komodowaran ist ein schönes Beispiel für ein Geschöpf, an dessen Existenz die meisten Menschen vor 100 Jahren nicht geglaubt hätten. Er spuckt weder Feuer, noch fliegt er, aber er hat jene frappierende Ähnlichkeit mit Dinosauriern, die uns allgemein geläufig sind. Der Papuawaran, der von den Eingeborenen „Artrellia“ genannt wird, ist ein ähnlicher Waran, der in Bäumen lebt und sich auf den Rücken seiner Beute fallen lässt; es ist bekannt, dass er sich auf die Hinterbeine stellen kann wie ein zweibeiniger Dinosaurier und eine Länge von bis zu 9 m erreichen kann. Wenn einmal ein echter Beweis für seine Existenz erbracht werden kann – die bisherigen Beobachtungen schwankten in ihrer Glaubwürdigkeit –, dann wird man möglicherweise auch herausfinden, dass dieser andere Dinosaurier-Doppelgänger mit dem Komodowaran verwandt ist.

„Menschliche Beute ist selten, aber nicht gänzlich ausgeschlossen.“

Der Kragenhai

Der Kragenhai (*Chlamydoselachus anguineus*) ist eine Art von Tiefseehai, der als ausgestorben galt, bis man ihn im 19. Jahrhundert vor der Küste von Japan entdeckte. Seitdem hat man weitere Exemplare dieses unverwechselbaren Fisches gefunden, inklusive eines Exemplares im Jahre 2007, ebenfalls vor der Küste Japans. Dieses Exemplar wurde lebend gefangen und in einem Tank mehrere Stunden lang transportiert. Es starb aber kurz darauf aufgrund der nicht vorhandenen Fähigkeit, sich den wärmeren Temperaturen des Wassers anzupassen.

Obwohl Kragenhaie Aalen physisch ähneln, unterstreichen ihre Kiemen und Flossen die Zugehörigkeit zu den Haiarten. Von den größeren Weibchen weiß man, dass sie über 1,8 m lang werden können und mit vielen spitzen, scharfen Zähnen bewaffnet sind. Sie bewohnen tiefe Gewässer auf dem gesamten Globus und sollen sich seit den prähistorischen Zeiten nur geringfügig verändert haben. Sie zeigen sich an der Oberfläche nicht regelmäßig; es ist aber möglich, dass angebliche „Seeschlangen"-Beobachtungen in der Vergangenheit durch das Auftauchen einer solchen Kreatur verursacht worden sein könnten. Sie ernähren sich von Tintenfischen und anderen Haien. Auch wenn sie dafür bekannt sind, Menschen nicht anzugreifen: Ärgern Sie sie besser nicht!

„Von den größeren Weibchen weiß man, dass sie über 1,8 m lang werden können und mit vielen scharfen Zähnen bewaffnet sind."

Der Beutelwolf

Der Beutelwolf (*Thylacinus cynocephalus*) wird oft fälschlich als Tasmanischer Wolf oder Tiger bezeichnet. Er ist ein Beuteltier und mit dem Tasmanischen Teufel verwandt. Er wird 0,9 bis 1,2 m lang und erreicht ein Gewicht von bis zu 36 kg. Das Fell ist braun, weist aber markante schwarze Streifen auf dem Rücken auf. Ursprünglich beheimatet in Australien, war er wegen des Nahrungswettbewerbs mit den Dingos gezwungen, sich nach Tasmanien zurückzuziehen, wo er sich hauptsächlich von Schafen, Kängurus und anderem Vieh sowie kleineren Tieren ernährte. Sein Einzelgängertum und die verstärkte Jagd durch den Menschen haben zu der Auffassung geführt, er sei ausgestorben. Es wurde angenommen, dass das letzte Exemplar (manchmal Benjamin genannt) im Hobart-Zoo (Australien) 1936 gestorben sei. Dennoch wurden immer wieder Beobachtungen in den entlegenen Gebieten des westlichen Tasmaniens gemeldet, was vermuten lässt, dass einige Exemplare überlebt haben könnten. Im Jahre 1938 wurde der Beutelwolf gesetzlich geschützt, und die britische International Thylacine Specimen Database (ITSD) ist bestrebt, alle bekannten Daten von überlebenden Exemplaren auf der ganzen Welt zu katalogisieren.

Bei jedem Wesen, das möglicherweise durch den Menschen ausgelöscht worden sein könnte, muss man Scham empfinden, und man kann nur hoffen, dass es auf wundersame Weise irgendwo in entlegenen Teilen der Welt überlebt haben könnte. Falls weitere lebende Exemplare dieser Spezies nicht gefunden werden können, dann sollte auch der Vorschlag des Klonens – mit Hilfe von Daten in der ITSD – in Betracht gezogen werden …

„Er ernährte sich hauptsächlich von Schafen, Kängurus und anderem Vieh sowie von kleineren Tieren.“

Das undatierte Foto zeigt ein Paar „Tasmanischer Tiger". Das Bild, das vor dem angeblichen Aussterben dieser Art in den 1930er Jahren entstanden sein soll, soll im Mai 2008 an der Universität von Melbourne entdeckt worden sein.

Im Bild der angebliche Embryo eines „Tasmanischen Tigers" aus dem Jahre 1866; im Hintergrund das Gesicht von Professor Mike Archer. Es gibt Bestrebungen, diesem Embryo DNS zu entnehmen, um das Beuteltier zu klonen, was in das moralische Labyrinth des Klonens im Allgemeinen und seine physischen Gefahren führt. Manche wenden ein, hier werde versucht, Gott zu spielen – man denke vor diesem Hintergrund nur an die, hier freilich rein fiktionalen Konsequenzen im Film „Jurassic Park"!

Dieses Foto, 1902 im National Zoo in Rock Creek Park (Washington, D. C.) von Dr. Goding aufgenommen, zeigt ein Beutelwolf-Pärchen.

Bildnachweis

Die in diesem Band abgedruckten Fotografien stammen aus vielen Quellen. Wo es möglich war, wurden die entsprechenden Angaben vermerkt. Sollte dennoch ein Bild ohne korrekten Nachweis oder Quellenangabe verwendet worden sein, bitten wir dieses Versehen unsererseits zu entschuldigen. Entsprechende Hinweise wird der Verlag in zukünftigen Auflagen berücksichtigen.

11, 13, 15, 16, 17, 21, 29, 32b, 34, 39, 46, 49t, 51, 55, 57, 64, 67, 69, 73, 75, 77, 79, 99, 101, 103, 111, 113, 117, 120, 121, 129, 133 © unbekannt; 19 © discoverfishing.ca; 23t, 27 © 1975 Academy of Applied Science; 23b © 1933 Daily Record; 24 © 1934 Associated Press; 25t © 1951 Daily Press; 25b © loch-ness.org; 26 © Fortean Picture Library; 32t © Gamma Liaison/Sandra Mansi; 33 © abcnews.com; 37t © 1964 Eric Parameter; 37bl © 1976 Edward Fletcher; 37br © Wachlin Family; 41t © cnsweb.org; 45, 47t, 47b © Fortean Times; 46 © www.bbc.co.uk; 49b © Harry Fowler; 53b © britishbigcats.org; 61, 62, 63 © Corbis Images; 71 © R Jacobs; 83 © freakylinks.com und SPR archives; Cambridge University Library; 87 © Rex Gilroy/Photobucket; 93 © Eva K; 141tl, 141b © wikipedia; 95l © paranormal-encyclopedie.com; 95r © Finbar; 89 © virtualology.com; 93 © traumador.blogspot.com; 95 © Getty Images; 107l © Anja und Chris Prigg; 107tr/107br © Department of Environment & Resources; 109b © NHPA; 115 © urbanlegends.about.com; 118 © Photobucket; 125b © Photo by the South African Institute for Aquatic Biodiversity; 127t © creation.or.kr; 127b © Alex Wild; 131t © absoluterandom.com; 131b © mnn.com; 135 (alle) © nationalgeographic.com; 137tr © abc.net.au.
Seite 106: Die Einzelheiten konnten dank der Bemühungen der renommierten Forscher Jenny Randless und Peter Hough rekonstruiert worden.

Danksagungen

Ich widme dieses Buch Bob Morris, der, wie ich glaube, meinen Ausflug in die Welt der Kryptozoologie genossen haben würde. Andere Leute haben in verschiedener Weise geholfen; wie üblich gibt es zu viele, um alle namentlich zu erwähnen, aber ich muss Steve und Karen für ihre Unterstützung danken und meinen Herausgeber Neil und die Mitarbeiter von David & Charles erwähnen. Nicht zuletzt ist Ihnen, dem Leser, zu danken, dass Sie mich auf dieser Reise der seltsamen und manchmal wunderbaren Entdeckungen begleitet haben. Es gibt noch so viel mehr zu lernen ...

Register

Bibliografie

Bord, J.: Bigfoot. The Hairy Man-Beast of North America, Beyond, Februar 2007
Bord, J. und C.: Alien Animals, IBCA, London 1981
Dies.: The Evidence for Bigfoot and other Man-Beasts, Aquarian Press, Northants 1984
Carruth, J.: Loch Ness and its Monsters, Fort Augustus 1971
Coleman, L./Clark, J.: Cryptozoology A–Z: The Encyclopedia of Loch Monsters, Sasquatch, Chupacabras and Other Authentic Mysteries of Nature, Simon & Simon, New York 1999
Dinsdale T.: The Story of the Loch Ness Monster, Target, London 1973
Eberhart, George M.: Mysterious Creatures. A Guide to Cryptozoology, ABC Clio, California 2002
Ellis, R.: The Search for the giant Squid, Lyons Press, New York 1998
Farson, D./Hall, A.: Mysterious Monsters, BCA, London 1980
Harmsworth, A.: The Mysterious Monsters of Loch Ness, Colourmaster, 1980
Miller, C.: The World of the unknown Monsters, Usborne, London 1977
Newton, Michael: Encyclopedia of Cryptozoology, McFarland & Co., N. Carolina 2005
Parker, D. und J.: The Atlas of the Supernatural, Prentice Hall, New York 1990
Randless, Jenny: Mind Masters, Aquarian Press, Northants., 1990
Stone, R.: Encyclopedia of the Unexplained, Bookmart, Leicester 1999
Willin, M.: The Paranormal Caught on Film, David & Charles, New Abbot 2008